Claire Daniel

Kreatives Beten

W0334522

Für Walter Hooley, meinen Großvater.

Deine Weisheit reicht weit über deine 94 Jahre hinaus. Deine Geschichten und deine Kraft beflügeln mich darin, Gott einfach zu vertrauen – dem Gott, dem du so treu gedient hast.

Claire Daniel

Kreatives Beten

80 ausgearbeitete Ideen, Gebet in Gruppen neu zu erleben

Aus dem Englischen von Christiane Vorländer

neukirchener
aussaat

MIX
Papier aus verantwortungsvollen Quellen
FSC® C014138
www.fsc.org

Titel der englischen Originalausgabe:
80 Creative Prayer Ideas. A resorce for church and group use.
Text copyright © 2014 Claire Daniel. Original edition published in English under the title 80 Creative Prayer Ideas by The Bible Reading Fellowship, Abingdon, England, Copyright © The Bible Reading Fellowship 2014.

Die Bibelstellen des Alten Testaments (außer Psalmen) sind der Übersetzung Hoffnung für alle® entnommen, Copyright © 1983, 1996, 2002 by Biblica Inc.®. Verwendet mit freundlicher Genehmigung von 'fontis - Brunnen Basel. Alle weiteren Rechte weltweit vorbehalten.

Die Bibelstellen der Psalmen und des Neuen Testaments sind entnommen der Neuen Genfer Übersetzung – Neues Testament und Psalmen Copyright © 2011 Genfer Bibelgesellschaft. Wiedergegeben mit freundlicher Genehmigung. Alle Rechte vorbehalten.

Bibliografische Information der Deutschen Nationalbibliothek:
Die Deutsche Nationalbibliothek verzeichnet diese Publikation in der Deutschen Nationalbibliografie; detaillierte bibliografische Daten sind im Internet über http://dnb.d-nb.de abrufbar.

© 2017 Neukirchener Verlagsgesellschaft mbH, Neukirchen-Vluyn
Alle Rechte vorbehalten
Umschlaggestaltung: Grafikbüro Sonnhüter, www.sonnhueter.com,
unter Verwendung der Bilder von Qiwen, Sanja Karin Music © Shutterstock.com
Lektorat: Rahel Dyck, Bonn
DTP: Breklumer Print-Service, www.breklumer-print-service.com
Verwendete Schrift: Optima
Gesamtherstellung: FINIDR, s.r.o.
Printed in Czech Republic
ISBN 978-3-7615-6330-4

www.neukirchener-verlage.de

Dank

Danke an Naomi Starkey und alle anderen Mitarbeitenden der Bible Reading Fellowship dafür, dass ihr an mich und meine Ideen geglaubt habt. Euer gottgegebener, visionärer Blick, eure Unterstützung und Freundlichkeit erlaubten es mir, mich weiterzuentwickeln, während wir miteinander unterwegs waren.

Man braucht eine Gemeinschaft, um ein Kind aufziehen zu können; das Gleiche gilt auch für ein Buch, das habe ich gelernt – besonders dann, wenn man beides gleichzeitig und zum ersten Mal tut. Danke an jede und jeden von euch, der dazu beigetragen hat, dass dieses Buch entstehen konnte. Danke an Freunde und Familienmitglieder, die mir mit einem Wort, einem Lächeln, einer Umarmung oder praktischer Hilfe unter die Arme gegriffen haben – ihr habt einen Unterschied gemacht, für mein Schreiben und auf meinem Glaubensweg bis hierher.

Danke an meine Eltern: Eure Liebe und praktische Unterstützung waren mein ganzes Leben lang unbezahlbar und eine wichtige Konstante auf meinem Weg ins Elternsein und für die Publikation eines Buches.

Danke Chris und Graham. Eure bedingungslose Liebe und eure Gebete bedeuten mir unendlich viel. Danke für den Hafen, den ihr mir mit eurem Green Room zum Schreiben geboten habt, mit frisch gebrühtem Tee und Großelternzeit für Ewan.

Danke Claire, meine Namensvetterin, für deine Gebete, deine ermutigenden Worte, für alle Umarmungen, alles Lachen und immer kühle Limonade. Es ist ein Segen, mit dir Leben und Glauben teilen zu können und gemeinsam die Welt zu verändern.

Danke Rachel Turner dafür, dass du all meine Fragen mit großem Enthusiasmus beantwortet und mich so liebevoll und freundlich in der BRF-Familie willkommen geheißen hast.

Ein ganz besonderes Dankeschön geht an meinen Hauskreis und meine wunderbaren „Essex Girls". Ihr habt meine kreativen Gebetsideen in ihrem Anfangsstadium ausprobiert und mich dazu ermutigt, sie weiterzuentwickeln. Ich hoffe, dass euch das nun ausgereifte Ergebnis gefällt. Danke an Oli Nicholls, du hast mir den Rückenwind dafür gegeben, beharrlich zu sein und immer wieder neue Türen aufzustoßen.

Danke an Sue Coyne und Naomi Gill für die Hinweise zur Präsentation meines Buches und für die Unterstützung dabei, meine Ideen so auszufeilen, dass ich sie in die Hände des BRF geben konnte.

Und danke an meine Jungs Gary und Ewan. Der eine legt seinen kleinen Kopf an meine Schulter und der andere lässt mich meinen Kopf an seine Schulter lehnen. Das gemeinsame Leben mit euch ist meine größte Freude. Ohne eure Liebe und Unterstützung und ohne die Kraft und Gnade, die Gott mir jeden Tag neu schenkt, hätte ich dieses Buch nicht schreiben können.

Vorbemerkung

Mein Weg mit Gott ist schon lange geprägt von kreativem Beten. Auf meinem Glaubensweg bis hierher war es Teil vieler wichtiger Augenblicke und schöner Erinnerungen. Immer wieder gab es Gelegenheiten im persönlichen Gebet allein, als Teil einer Gruppe oder im Gottesdienst mit der Gemeinde, bei denen ich einfache Formen des aktiven Gebetes benutzt habe. Es waren wichtige Gebetserfahrungen, manchmal schmerzlich oder mit innerer Reinigung verbunden, meistens aber erfreulich, bestätigend und aufrichtend.

In kreativer Meditation verbrachte Zeit ist wertvolle Zeit mit Gott, um auf ihn zu hören, ihn anzubeten oder um ihm die eigenen Anliegen zu bringen. Auf kreative Art und Weise zu beten hilft auch in den Zeiten, in denen es uns schwerfällt, Worte zu finden für unsere Anliegen oder wenn wir unseren eigenen Formulierungen nicht trauen. Als Form der Anbetung, Reaktion auf und Kommunikation mit Gott ermöglicht das kreative Gebet so manchem Christen eine Nähe und Verbindung zu Gott, die wesentlich intensiver ist als bei den Formen des Gebetes, die sie aus ihren „normalen" Gottesdiensten kennen.

Die aufgeschriebenen Gebete, Kritzeleien, Gegenstände und Bibelverse, die ich nach den kreativen Gebetszeiten verwahrt habe, gehören zu den kostbarsten Andenken meines Glaubens. Sie erinnern mich immer wieder daran, was ich vor Gott gebracht habe und was er mir gesagt hat; sie stehen für all das, was Gott an Wunderbarem für mich getan hat, und für den Weg, den ich bis hierher mit ihm zurückgelegt habe. Sie erinnern mich auch immer wieder neu daran, dass ich weiter für bestimmte Dinge beten und beharrlich daran arbeiten soll, im Glauben zu wachsen und mich weiterzuentwickeln.

Ich schreibe dieses Buch, um die kreativen Methoden des Betens allen zugänglich zu machen, die Gott auf fantasievolle und alternative Art und Weise nahekommen möchten. Durch die nutzerfreundliche Gestaltung kommt es den verschiedenen Bedürfnissen von Gruppen, Gemeinden oder Einzelpersonen entgegen und kann jeweils entsprechend abgewandelt werden. Einige der Ideen sind Ihnen vielleicht vertraut, da sie in gewisser Weise Abwandlungen allgemein bekannter Formen kreativen Betens sind. Die meisten aber entstanden während meiner eigenen Zeiten der Stille, während ich gar nicht beabsichtigt hatte, eine bestimmte Idee zu erarbeiten.

Ich hoffe sehr, dass dieses Buch auch Ihnen eine hilfreiche Ideenquelle ist, wann und wo immer Sie es gerne einsetzen möchten. Ich wünsche Ihnen und allen, mit denen Sie diese Ideen gemeinsam ausprobieren, Freude, Ruhe und Erneuerung, während Sie auf der Suche sind nach dem für Sie besten Weg, Gott zu begegnen.

Gebet ist allgegenwärtig. Es ist die Sprache, die uns ermöglicht, auf vieles zu antworten, was uns gesagt ist, und alles auszusprechen, was in uns ist.[1]

---

1 Aus: Eugene Peterson, *„Hope: A Pocket Inspirations Book"*, Summerside Press, S. 58. (eigene Übers.)

Inhalt

Teil 2 – In unserer Welt unterwegs

Teil 3 – Als Kirche unterwegs

Teil 5 – Persönlich mit Gott unterwegs

Vorwort

Unsere wortlastige Welt braucht dieses Buch! Es ist wunderbar kreativ und hilft uns dabei, uns mit allem, was wir sind und haben, darauf zu konzentrieren, auf Gott zu hören, mit ihm auf dem Weg zu sein, auf ihn zu warten und mit ihm zu reden. Es bietet biblisch fundierte Ideen, wie man sich dem Thema Gebet auf ansprechende und anregende Weise nähern kann – sei es alleine oder in Kleingruppen oder Gemeinden.

Es gibt so viele, denen es schwerfällt, im Gebet innerlich zur Ruhe zu kommen, ganz gleich, ob sie allein für sich beten, mit anderen in einer Kleingruppe oder im Gemeindekontext. Das liegt häufig daran, dass wir uns allein auf Worte verlassen, wenn wir beten. Für manche ist das ausreichend; andere dagegen müssen aktiv etwas „tun" und sich auf eher interaktive Weise dem Bibeltext, einem Thema oder einer Frage nähern, damit Gebet für sie selbst und andere wie von alleine fließt.

Ich hoffe, dass dieses Buch beflügelt: zum einen Gruppen- und Gemeindeleitungen, die kreatives Beten in Gemeindegottesdienste und Hauskreise integrieren möchten, aber auch Einzelpersonen, die neue Wege der Begegnung mit Gott im Gebet ausprobieren möchten. Jesus selbst hat uns ganz deutlich die Verantwortung gezeigt, die wir als seine Nachfolger haben: Wir sollen dafür beten, dass das Reich Gottes kommt und sein Wille geschieht, in und für unsere Familien, unsere Nachbarn, unser lokales Umfeld, unser Land und die Welt. Wenden wir sie an, diese kreativen Gebetsmethoden! Wir werden erleben, wohin Gott uns führt auf unserem Weg des Betens. Wir werden erleben, wie sich unser Gebetsweg verändert und weiterentwickelt, wenn wir uns nach ihm ausstrecken und all jene in den Blick nehmen, die er uns im Gebet aufs Herz legt.

Jane Holloway, World Prayer Centre, Birmingham

Einleitung

„Kreatives Beten" – die Reaktionen auf diesen Ausdruck sind ganz unterschiedlich und oft heftig. Manche Christen lassen sich dafür begeistern, auf neue, erfindungsreiche Arten zu beten und sich auf körperlich aktive Weise Gott zuzuwenden – in der Regel solche Persönlichkeitstypen, die sich in ihrem Gebetsleben ohnehin verschiedener Formen und meditativer Methoden bedienen. In anderen Christen löst der Begriff ein Gefühl tiefer Verunsicherung oder sogar blanke Angst aus, auch wenn sie sich zutiefst danach sehnen, Gott im Gebet nah zu sein. Schon wenn man die Idee nur erwähnt, wird sie mit einem „Ich bin nicht kreativ!" im Keim erstickt.

Wenn Sie bereits Erfahrung mit kreativen Methoden des Betens haben, können Sie auch direkt zu den Kapiteln mit den nach Themen geordneten Gebetsideen springen und sie als Inspirationsquelle für Ihre eigenen Ideen nutzen. Doch auch für Sie könnte es hilfreich sein, sich diese Einleitung bis zum Ende durchzulesen. Sie ist als Gebrauchsanleitung für kreatives Beten gedacht und enthält einige grundsätzliche Gedanken zu Gebet und Besinnung, die auf die verschiedensten Kontexte, Themen und Gelegenheiten anzuwenden sind.

Viele Christen empfinden den Schritt vom gewohnten, eher traditionell liturgischen Ansatz zum kreativen Stil des Betens als zu groß. Und etliche engagierte Christen sind zwar mit kreativem Beten vertraut, aber ihr Wunsch, diese Gebetsform in ihren Gruppen und Gottesdienstgemeinden einzusetzen, scheitert an den Anforderungen ihres Familien- oder Arbeitsalltags. Engagement in Kirche und Gemeinde und hauptamtlicher oder ehrenamtlicher Dienst für Gott kann in Verbindung mit dem generell hohen Tempo des heutigen Lebens dazu führen, dass die praktische Durchführung einer kreativen Gebetszeit selbst für die ganz Energiegeladenen unter uns zu einer zusätzlichen, drückenden Last wird. Dieses Buch soll für beide Lesergruppen relevant und benutzerfreundlich sein: einmal für all jene, für die kreatives Beten eine neue Perspektive aufzeigt, aber auch für diejenigen, denen diese Form vertraut ist und die vielleicht sogar schon zu den „Experten" zählen. Ganz gleich, wie Ihre Bedürfnisse oder Ansichten im Augenblick sind: Ich hoffe, dass Sie dieses Buch griffbereit haben, wenn Sie eine sofort einsetzbare Idee oder eine Sammlung von Ideen zu einem bestimmten Thema brauchen. Vielleicht inspiriert es Sie auch dazu, Ihren eigenen Weg im Umgang mit kreativen Methoden zu finden und selbst neue Arten des Betens zu entdecken.

Kreative Gebetsstationen aufzubauen, die notwendigen Materialien vorzubereiten und Ideen zu sammeln, kann sehr zeitaufwendig sein, auch wenn Sie ein Gespür dafür haben, und obwohl (oder vielleicht auch weil) das Internet so viel zu dem Thema anbietet. Die Gebets-Ideen in diesem Buch zählen bewusst jeweils das komplette nötige Handwerkszeug auf und beschreiben genau, was Sie brauchen. Das soll verhindern, dass bei der Vorbereitung einer kreativen Gebetseinheit Stress entsteht.

Der Rest dieser Einleitung soll Sie bei der praktischen Planung und Durchführung eines kreativen Gebets unterstützen. Dazu kommen einige „allgemeine" Ideen, die allein für sich genutzt oder in die nachfolgenden Themengebiete eingefügt werden können. Wenn Sie zum Beispiel einen Gebetsparcours aufbauen möchten, der nicht vier, sondern sechs oder mehr Stationen hat, finden Sie bei den „allgemeinen Ideen" Anregungen dazu, wie Sie Elemente mischen und miteinander verbinden, Ihre eigenen Ideen einfügen und sie den Gegebenheiten anpassen können.

Aufbau

Bei der Vorbereitung eines kreativen Gebetsangebotes gibt es einige ganz praktische Dinge zu beachten. Die Vorbereitungen sehen ganz unterschiedlich aus, je nachdem, ob Sie eine einmalige Veranstaltung für eine Gruppe oder Gemeinde vorbereiten, die Gebetsideen zu Hause mit Ihrer Familie durchführen möchten oder eine Gebetsveranstaltung oder einen Workshop mit mehreren Stationen planen. Auch der Veranstaltungsort muss in Betracht gezogen werden und wie viel Platz Ihnen zur Verfügung steht. Wenn Sie eine Reihe von Stationen aufbauen möchten, müssen Sie sorgfältiger über die Raumaufteilung nachdenken, als wenn Sie eine einzelne Aktion in einer Kleingruppe oder einem Gemeindesetting durchführen.

Eine kreative Gebetsveranstaltung mit vier bis sechs oder mehr Stationen, die von den Teilnehmenden im jeweils eigenen Tempo bearbeitet werden, bedarf einiger grundlegender Vorarbeiten. Es ist wichtig, dass neben dem Aufbau der einzelnen Stationen mit ihrem jeweiligen Inhalt auch der Raum selbst gut vorbereitet ist. In manchen Kirchen, Hallen, Wohnungen oder Schulen mag dies relativ einfach sein, in anderen aber ist eine Umgestaltung nötig. Machen Sie sich Gedanken über die nötigen Veränderungen des Raumes und seines Erscheinungsbildes. Dazu gehören unter Umständen die folgenden Faktoren.

Möbel

Vergewissern Sie sich, dass genügend Stühle, Tische, Kissen oder Sitzsäcke vorhanden und Teppiche und Boden sauber sind, damit man sich darauf niederlassen kann. Wenn nötig, stellen Sie Tische mit Stühlen auf. Überlegen Sie, ob Sie zum Thema passende Tischdecken oder andere Dekorationsutensilien benötigen, und was sonst noch nötig ist, um eine ruhige, entspannte Atmosphäre zu schaffen, in der man sich auf das Gebet konzentrieren kann.

Licht und Ton

Die richtige Beleuchtung ist ein wichtiger Faktor für eine gute Atmosphäre; sie sollte allerdings zu den von Ihnen gewählten Stationen passen. Manche wirken am besten mit gedimmtem Licht, kleinen Lampen oder Kerzen. Soll aber geschrieben, gelesen oder gemalt werden, sind zusätzliche Lichtquellen erforderlich. Seien Sie kreativ! Nutzen Sie die vorhandene Beleuchtung und bringen Sie zusätzliche Leuchten mit, zum Beispiel Schreibtisch- oder dekorative Tischleuchten.

Sollte für einige der Stationen Musik benötigt werden, überlegen Sie rechtzeitig, was am besten funktioniert – ein CD-Player oder ein MP3-Gerät mit entsprechenden Kopfhörern. Vielleicht möchten Sie auch mit Musikern aus Ihrer Gemeinde oder Gruppe arbeiten oder eine Aufnahme benutzen, um während der Dauer der Aktion ruhige Hintergrundmusik zu haben. Dies ist natürlich nicht immer notwendig, kann aber den Teilnehmenden dabei helfen, zur Ruhe zu kommen und sich auf das Gebet zu konzentrieren; manchmal ist allerdings Stille während einer Gebetszeit die angemessenere Form. Das Abspielen von Anbetungsmusik während solcher Gebetszeiten oder während eines Gottesdienstes erfordert in Deutschland keine gesonderte Lizenz, sofern man einem kirchlichen Rahmenvertrag mit der GEMA angeschlossen ist. Wollen Sie allerdings gerne sichergehen, dass ein Abspielen von Musik am von Ihnen gewählten Veranstaltungsort erlaubt ist, finden Sie die nötigen Informationen auf der internationalen Website von Christian Copyright Licensing unter *www.ccli.co.uk*[2].

Stromanschlüsse

Überprüfen Sie, ob es Steckdosen in der Nähe derjenigen Stationen gibt, die Stromanschlüsse erfordern (z. B. wenn Sie eine kleine Leuchte oder

2 Weitere Informationen speziell für Deutschland finden Sie z. B. hier: *www.gema.de/musiknutzer/tarife-formulare/tarif-wr-k-2/ – Anm. d. Übers.*

einen Ventilator aufstellen möchten). Was im Vorfeld bereits geklärt ist, erspart Ihnen den Umbau von Stationen in letzter Minute.

Gesundheit und Sicherheit

Selbst die einfachsten kreativen Gebetsstationen erfordern einige grundsätzliche Überlegungen zum Thema Gesundheit und Sicherheit. Meistens geht es nur um sichere Steckdosen, Wasserspritzer und zu bewegende Möbel. Vergewissern Sie sich, dass Sie und alle Anwesenden die Notausgänge kennen und wissen, wo Feuerlöscher stehen, wo sich die Toiletten und andere für den Veranstaltungsort wichtige Einrichtungen befinden. Dies gilt besonders dann, wenn der Ort unter normalen Umständen nicht als Mehrzweckraum genutzt wird. Vielleicht müssen Sie im Anschluss Stühle und andere Möbelstücke für weitere Veranstaltungen oder Gottesdienste wieder an ihren alten Platz stellen. Überprüfen Sie auch, ob die genutzten Räumlichkeiten sauber und aufgeräumt sind.

Achten Sie darauf, dass vor und während der Gebetsveranstaltung ausreichend Brandschutzausrüstung vorhanden ist und Sie sich diesbezüglich am Veranstaltungsort auskennen. Überprüfen Sie auch, ob die Feuerwehrzugänge frei bleiben, wenn Sie Möbel umstellen. Sollten offene Flammen und Kochaktionen Teil Ihrer Stationen sein, müssen Sie die Situation auch diesbezüglich im Blick haben; so vermeiden Sie Risiken und stellen sicher, dass nicht versehentlich die Rauchmelder Alarm auslösen.

Hände waschen

Viele Aktionen des kreativen Betens gehen mit einer gewissen Unordnung einher, das liegt in der Natur der Sache. Dort, wo gemalt oder mit Wasser oder Sand gearbeitet wird, braucht man Papierhandtücher oder Ähnliches, um sich die Hände abwischen zu können. Vielleicht bauen

Sie diese Stationen auch in der Nähe eines Waschbeckens oder der Toiletten auf, damit der Weg zum Händewaschen kurz ist. Es ist vielleicht notwendig, solche mit Chaos verbundenen Stationen während der Aktion im Blick zu behalten, um sie ab und zu „in den Urzustand" zurückzuversetzen oder Kleckereien zu entfernen. Hände waschen ist auch nötig, wenn irgendwo klebriges Material verwendet wird, etwa Brotteig, Modelliermasse oder Kleber, oder wenn Nahrungsmittel verarbeitet werden.

Küchenutensilien

Wenn Sie eine Station planen, die den Umgang mit Nahrungsmitteln erfordert (zum Beispiel auch die Herstellung oder das Arbeiten mit vorbereitetem Salzteig oder Plätzchenteig), sollten Sie sichergehen, dass alle notwendigen Küchenutensilien griffbereit sind und für alles Nötige gesorgt ist. Wenn Sie als Gebetsaktion Brot oder Plätzchen backen möchten, müssen Nahrungsmittelhygiene und Sicherheitsbedingungen in der Küche im Blick sein, vor allem dann, wenn Kinder beteiligt sind.

Materialien auffüllen

An den meisten Stationen müssen Materialien aufgefüllt werden oder es ist bereits zu Anfang eine große Menge an Material nötig. Dies gilt besonders dann, wenn Sie eine einzelne Aktion mit einer Gruppe oder Gemeinde durchführen oder eine große Zahl von Menschen erwarten. Vorteilhaft ist, wenn während der ganzen Veranstaltung jemand verantwortlich dafür ist, die Stationen sauber und ordentlich zu halten und ab und zu aufzuräumen. Auch wenn das offensichtlich ist: Es ist wichtig, dass die Stationen einen benutzerfreundlichen Eindruck machen und sauber sind, damit sie von allen in vollem Umfang genutzt werden können.

Einige der Gebetsideen beinhalten die Benutzung von Wasserbecken und -schalen oder Eiswürfeln. Hier müssen Sie sich zusätzlich zu der Möglichkeit des Händewaschens Gedanken darüber machen, wie Sie die Gefäße füllen und auffüllen und was bei der Nutzung von Wasser noch bedacht werden muss. Vielleicht helfen Plastiktischdecken, um Tische und Teppiche vor den unvermeidlichen Spritzern zu schützen.

Material und nützliches Werkzeug

Jede der in diesem Buch vorgestellten Gebetseinheiten beinhaltet auch eine Liste der Dinge, die Sie dafür brauchen. Die beiden Abpausvorlagen im Anhang für den Propeller und das Windrad können aus dem Buch fotokopiert werden.

Darüber hinaus gibt es einiges an generell hilfreichem Material und Werkzeug, das Sie vielleicht zusätzlich zu dem für jede Aktion angegebenen nutzen möchten. Wenn Sie noch nicht so gut ausgerüstet sind mit dem „Grundequipment", beginnen Sie doch mit dem Sammeln von Materialien, die Sie dann sicherlich wiederum auf neue Gebets-Ideen bringen werden. Die folgende Liste erhebt nicht den Anspruch auf Vollständigkeit:

- Plastikplanen oder -tischdecken (entweder normale Tischdecken oder Campingfolien).
- Tische und Stühle. Größe und Anzahl hängen von Ihrem Veranstaltungsort, von der Anzahl der erwarteten Teilnehmer und den geplanten Gebetsstationen ab.
- Weiche Einrichtungsgegenstände wie Kissen, Sitzsäcke, kleine Sofas oder Decken. Denken Sie auch an Materialien zur besseren Ausstattung der Stationen, wie etwa kleine Schreibtisch- oder Tischlampen oder auch dekorative Tischsets oder -abdeckungen in angemessenen Farben, die zum Thema passen.

- Bastelmaterialien. Hier sind die Möglichkeiten unendlich. Eine Grundausrüstung umfasst Klebestifte, Scheren, Papier, farbigen Tonkarton, buntes Geschenkpapier, Bänder, Pfeifenputzer, Filzstifte, Klebeband, Haftnotizen, Tesafilm, Farben, Farbtöpfe, Pinsel, Schwämme, Luftballons, Papiertaschentücher, Pailletten, Knöpfe, Papierrollen und große Pappen und Stoffstücke (zum Beispiel Tüll oder Betttücher).
- Schüsseln, Schalen und Küchenutensilien. Wenn Sie in Ihrer Gebetseinheit mit Lebensmitteln arbeiten möchten, brauchen Sie die passenden Schüsseln, Schalen oder Teller zum Servieren. Wenn Sie Farbe, Modelliermasse oder andere Schmutz verursachende Bastelmaterialien benutzen, sollten Sie entsprechende Behälter bereitstellen, in denen mehrere Hände oder Füße gleichzeitig Platz finden. Wenn Sie mit Knetmasse arbeiten (sei es Modelliermasse oder Brot- oder Plätzchenteig), brauchen Sie ein paar einfache Werkzeuge wie Plastikbesteck, Teigrollen oder hölzerne Cocktailspieße, um den Teig zu formen und mit Verzierungen zu versehen.
- Internet. Im Internet finden Sie eine großartige Auswahl an Bildern, Fotos, Musik und Malvorlagen oder Abpausvorlagen für Ihr Gebetsangebot. Auch wenn dieses Buch dazu gedacht ist, Ihnen die Zeit des Suchens nach Ideen im Internet zu ersparen, ist es für manche der Aktionen erforderlich, Vorlagen zu zeichnen oder auszudrucken oder Schablonen vorzubereiten, die man online oder in einem Textverarbeitungsprogramm findet. Natürlich finden Sie im Internet auch eine Vielzahl an Gebetsideen, auf die Sie bei Bedarf zurückgreifen können, um die hier vorgestellten Ideen zu ergänzen.

Bibeln und Bücher

In manchen der Gebetseinheiten erscheint eine Bibel oder ein Ausdruck des Bibeltextes auf der „Material"-Liste, auch wenn ich bei einigen Geschichten davon ausgegangen bin, dass sie hinreichend bekannt sind.

Je nach Zielgruppe ist es eventuell nötig oder hilfreich, eins von beiden zur Verfügung zu stellen – Bibel oder ausgedruckten Bibeltext –, zum Beispiel zur Geschichte von Zachäus.

Eine Auswahl verschiedener Bibelübersetzungen, ergänzt durch andere inspirierende Bücher oder Schriften, kann eine reiche Quelle für Gebete sein, die sich auf einzelne Verse der Heiligen Schrift beziehen. Sie sind auch dann hilfreich, wenn Sie eine weniger vorstrukturierte Station aufbauen wollen, bei der man in verschiedenen Materialien blättert, liest und darüber nachdenkt oder ohne spezifische Anleitung betet. Hier können Kärtchen mit Bibelversen, inspirierende Zitate, Geschichten oder Gedichte zum Einsatz kommen.

Zur Vorbereitung

Jede der vorgestellten Gebetseinheiten umfasst alle Informationen und Anleitungen, die Sie zum Zusammenstellen der Materialien und zur Planung brauchen. Vielleicht möchten Sie nur die Idee verwenden und Gebetskarten und Anleitung zu Ihrer Station selbst schreiben. Wenn nicht, können Sie die im Buch für jede Station vorgeschlagenen Texte handschriftlich oder mit dem Computer abschreiben und ausdrucken. Vielleicht möchten Sie die Texte zum Stichwort „Denkanstoß" und „Gebet" nutzen, vielleicht auch die „Kerngedanken" und den „Biblischen Impuls" – je nachdem, wie es für Ihre Zielgruppe passend ist.

Eine Ideensammlung

Die folgenden Ideen sind hilfreich, wenn Sie zusätzliche Stationen für eine Gebetsveranstaltung im größeren Rahmen schaffen möchten. Sie können auch als einzelne Aktivität für eine Gruppe oder sogar eine Gemeinde umgesetzt und für verschiedene Themen entsprechend angepasst werden.

- Post-it-Gebete: Post-its oder Haftnotizen gibt es in den verschiedensten Geschäften zu kaufen. Sie werden in verschiedenen Farben, Größen und Formen angeboten (zum Beispiel in Herz- oder Sternform).
- Graffiti-Gebets-Wand: Ein großes Blatt Papier, ein Tonkarton oder eine Papierrolle wird mit persönlichen Gebeten, Zeichnungen oder Bibelversen zu einem Thema gefüllt. So entsteht ein gemeinsames Gebets-Graffiti. Sie können die Wand strukturieren, indem Sie sie bei der Vorbereitung in gleichförmige Teile unterteilen, Sie können sich aber auch für die Freestyle-Version entscheiden.
- Whiteboard- oder Tafel-Gebete: Diese Form eignet sich besonders für Gebete, die wieder weggewischt werden sollen, zum Beispiel im Kontext von Vergebung oder Neuanfang. Man kann mit normaler Kreide oder Straßenmalkreide auf die Tafeln oder auch auf den Bürgersteig schreiben und sie anschließend mit einem feuchten Tuch wegwischen.
- Seifenblasen: Individuelle Seifenblasenfläschchen, eine gemeinsame Schale mit Seifenblasenlösung oder eine Seifenblasenmaschine können für eine Reihe von Gebetsaktionen oder Illustrationen Anwendung finden.
- Aktenvernichter: Einen Aktenvernichter zu benutzen ist eine zwar laute, aber effektive Methode, um Dinge loszulassen oder an Gott abzugeben. Sie können Antwort sein auf Gebete um Vergebung und Neuanfang.
- Pyropapier: Dieses besondere Papier scheint zu explodieren, wenn man es entzündet, und verschwindet dann, ohne Rückstände zu hinterlassen. Man kann ein Wort oder Gebet darauf schreiben – zum Beispiel „Sünde" – und damit auf wunderbare Weise das Evangelium erklären oder eine Gebetsaktion durchführen. Wenn die Aktion mit Kindern oder Jugendlichen geplant ist, müssen Erwachsene anwesend sein.
- Verheißungsbox: Diese allgemein bekannte Gebetsmethode kann fertig gekauft werden. Sie können sich aber auch Ihre eigene kleine

Gebetsbox basteln. Sie enthält kleine Papierröllchen, auf denen Verheißungsworte stehen. Die Röllchen stehen normalerweise in Wabenform hochkant in der Box, können aber auch gestapelt oder mit einem Band zusammengehalten sein. Sie kann ein Geschenk zum Mitnehmen sein, um ihre Schätze zu Hause entdecken zu können, kann aber auch als Gebetsstation verwendet werden, an der Röllchen gelesen und anschließend wieder in die Box zurückgesteckt werden.

- Haptische Gebetshilfen: Dies kann zum Beispiel ein Kreuz oder ein Herz aus Holz sein, das man beim Beten in der Hand hält, oder Kiesel vom Strand oder aus einem Bach. Während des Betens einen Gegenstand in der Hand zu halten hilft dabei, mit den Gedanken bei der Sache zu bleiben. Außerdem wirkt es inspirierend auf das Gebet.
- Gebetssteine: Steine ins Wasser zu werfen ist eine wirksame und allgemein bekannte Methode, um auf kreative Weise mit Gott in Kontakt zu treten. Die Methode kann in den verschiedensten Situationen zum Einsatz kommen. Die körperliche Aktivität kann dabei helfen, etwas an Gott abzugeben, und sie ist ein gutes Bild für die reinigende Kraft Gottes.
- Beten mit Modelliermasse: Modelliermasse oder Teig kann in verschiedensten Formen und Farben gekauft oder selbst hergestellt werden. Sie passt zu den verschiedensten thematischen Gebetsaktionen, so zum Beispiel wenn es um „formen/modellieren“ und „verwandeln“ geht.

Teil 1

Mit der Bibel unterwegs

Kapitel 1

Männer des Glaubens

Daniel: Mut im Angesicht des Feindes

Kerngedanken: Auf der Basis der Geschichte von Daniels mutigem Handeln bringen wir die „Löwen" unseres Lebens vor Gott; wir bitten ihn um seine Hilfe im Umgang mit Schwierigkeiten und danken ihm dafür.

Biblischer Impuls: *Schon von Weitem rief er ängstlich: „Daniel, du Diener des lebendigen Gottes! Hat dein Gott, dem du unaufhörlich dienst, dich vor den Löwen retten können?" Da hörte er Daniel antworten: „Lang lebe der König! Mein Gott hat seinen Engel gesandt. Er hat den Rachen der Löwen verschlossen, darum konnten sie mir nichts anhaben. Denn Gott weiß, dass ich unschuldig bin […]."* Daniel 6,21-23

Material:

- Großes Bild oder Foto von einem Löwen mit weit offenem Maul (malen oder ausdrucken)
- Auf- und zuklappbares Maul aus Papier oder Pappe, das auf das Maul des Bildes passt
- Dreieckige Papier- oder Papp„zähne" (vorher ausgeschnitten oder in Form dreieckiger Haftnotizen)
- Powerstrips (wenn Sie keine Haftnotizen benutzen)
- Kugelschreiber oder Bleistifte
- Tesafilm oder Kleber
- Kopien der Geschichte von Daniel in der Löwengrube aus der Bibel, aus einem Bilderbuch oder als Computerausdruck

Befestigen Sie das Löwen-Bild an einem Flipchart oder einer Pinnwand oder legen Sie es auf einen Tisch. Vergewissern Sie sich, dass das Maul mit Kleber oder Klebeband gut befestigt ist und sich leicht auf- und zuklappen lässt.

Denkanstoß: Denken Sie an Daniel und sein Vertrauen auf Gott, das selbst unter extrem widrigen Umständen nicht nachließ. Wo in Ihrem Leben brauchen Sie Stärke und Kraft angesichts von Situationen oder Gefühlen, die bedrohlich sind wie Löwen mit scharfen Zähnen? Das können zum Beispiel Sorgen sein, die sich wie ein Berg vor Ihnen auftürmen, schwierige Beziehungen oder innere Kämpfe, die Sie selbst oder Menschen aus Ihrem Umfeld ausfechten.

Gebet: Bringen Sie diese „Löwen" vor Gott, denn er ist ein mächtiger Gott, der Ihnen Kraft gibt, das Problem zu überwinden. Nehmen Sie einen Pappzahn und schreiben Sie Ihre Sorgen in Form eines Wortes oder Gebetes darauf. Tun Sie dies in dem Vertrauen, dass Gott Ihnen helfen kann, Ihre „Löwen" zu besiegen.

Halten Sie den Zahn in der Hand und bringen Sie, Ihre Ängste und unlösbaren Situationen vor Gott. Danken Sie ihm auch für Zeiten, in denen er Ihnen geholfen hat, das „Unbesiegbare" zu überwinden.

Dann öffnen Sie das Maul des Löwen und kleben Sie Ihren „Zahn" der Ängste oder Sorgen hinein. Beten Sie dabei in dem Bewusstsein, dass Gottes Kraft Ihnen hilft, Ihre „Löwen" zu überwinden. Schließen Sie das Maul des Löwen mit Entschiedenheit über dem „Zahn". Lassen Sie Ihre Sorgen bei Gott und freuen Sie sich daran, dass das Maul jetzt fest verschlossen ist.

David: Reue und Erneuerung

Kerngedanken: Anhand von Psalm 32 spüren wir dem Gedanken nach, dass es in Gottes Macht liegt, unsere Herzen zu verändern und Vergebung und Erneuerung zu schenken, wenn wir seine Gnade suchen.

Biblischer Impuls: *Freut euch über den Herrn und jubelt laut, die ihr nach seinem Willen lebt! Ihr alle, deren Herz aufrichtig ist, singt vor Freude!* Psalm 32,11

Material:
- Bibeln oder Psalm 32 ausgedruckt
- Kleine Kärtchen mit den Versen 1, 5, 7 oder 11
  (mehrere Exemplare pro Vers)

Denkanstoß: Lesen Sie Psalm 32 oder aber die folgenden einzelnen Verse und lassen Sie die Worte auf sich wirken, bevor Sie beginnen zu beten.

Glücklich zu preisen ist der Mensch, dem seine Treulosigkeit Gott gegenüber vergeben und dessen Sünden zugedeckt sind. (Vers 1)

Dann endlich bekannte ich dir meine Sünde, meine Schuld verschwieg ich nicht länger vor dir. Ich sagte: „Ich will dem Herrn alle meine Vergehen bekennen.“ Und du – ja, du befreitest mich von der Last meiner Sünde. (Vers 5)

Du, Gott, bist mein sicherer Zufluchtsort, mein Schutz in Zeiten der Not. Wohin ich mich auch wende – deine Hilfe kommt nie zu spät. Darüber juble ich vor Freude. (Vers 7)

Freut euch über den Herrn und jubelt laut, die ihr nach seinem Willen lebt! Ihr alle, deren Herz aufrichtig ist, singt vor Freude! (Vers 11)

Gebet: Danken Sie Gott für die Sünden, die er Ihnen vergeben hat, und bekennen Sie anhand der oben stehenden Verse all das, was Sie noch vor ihn bringen müssen. Sie dürfen dies in dem Wissen tun, dass seine Vergebung für Sie gilt, schon bevor Sie bereut haben. Denken Sie daran: Sie sind gesegnet.

Beten Sie Ihr eigenes „Übergabegebet". Danken Sie Gott für seinen Schutz in Zeiten der Bedrängnis und für seine Gnade, die uns frei macht. Bringen Sie ihm Ihren Dank und Ihre Freude, weil Gott Ihre Gebete hört und Vergebung schenkt.

Nehmen Sie eins der kleinen, mit einem Vers aus Psalm 32 bedruckten Kärtchen mit nach Hause als Erinnerung daran, dass Gott denen vergibt, die ehrliche Reue zeigen. Er möchte, dass Sie frei sind.

Zachäus: Bitte um Erneuerung

Kerngedanken: Wir bringen Gott all die Bereiche unseres Lebens, in denen wir das Gefühl haben, unser Glaube oder unsere Fähigkeiten seien „klein"; wir bitten ihn, das „Wenige" zu nutzen, um „Großes" für sein Reich zu tun; wir beten um Erneuerung und die Chance, Gott so zu dienen, wie Zachäus es tat.

Biblischer Impuls: *Da sagte Jesus zu Zachäus: „Der heutige Tag hat diesem Haus Rettung gebracht. Denn", fügte er hinzu, „dieser Mann ist doch auch ein Sohn Abrahams. Und der Menschensohn ist gekommen, um zu suchen und zu retten, was verloren ist."* Lukas 19,9-10

Material:

- Kleine Papierfiguren (ausgeschnitten aus einfarbigem Karton oder Papier)
- Baum, auf Papier gemalt oder ausgedruckt (groß genug, um viele der kleinen Papierfiguren darauf unterzubringen)
- Klebepads
- Scheren
- Filzstifte oder Buntstifte

Befestigen Sie einige der Papierfiguren am Baum. Sie werden später wenn nötig ergänzt.

Denkanstoß: In welchen Bereichen Ihres Lebens, Ihres christlichen Engagements, Ihrer Arbeit oder Ihres geistlichen Wachstums fühlen Sie sich klein, unzulänglich oder der Aufgabe nicht gewachsen? Seien Sie ehrlich vor sich selbst und lassen Sie die Geschichte des Zachäus auf sich wirken.

Gebet: Wenn Sie bereit sind, nehmen Sie eine der Figuren aus dem Baum als Symbol dafür, dass Sie Gottes Hilfe brauchen, um von Ihrem „Baum" herunterzusteigen und in seinen Dienst zu treten, ganz gleich, wie klein Sie sich fühlen.

Stellen Sie sich vor, dass Sie selbst diese Figur sind, und malen Sie sie an. Wenn Ihr „Zachäus" fertig ist, nehmen Sie ihn mit nach Hause als Erinnerung daran, dass Gott große Dinge tun kann und tun wird, wenn wir ihm unser Leben übergeben.

Platzieren Sie Ihren Zachäus zu Hause so, dass Sie ihn sehen können. Er soll Sie regelmäßig daran erinnern, Gott um Hilfe zu bitten, wenn Sie darüber nachdenken, wie Sie ihm dienen können.

Saulus/Paulus: Gott verändert

Kerngedanken: Wir denken über die Bekehrung des Paulus nach seiner Begegnung mit Jesus nach; wir bringen unsere Bitte um Erneuerung vor den Gott, der Leben verändern kann.

Biblischer Impuls: *Alle, die Saulus hörten, waren außer sich vor Verwunderung. „Ist das nicht der, der in Jerusalem mit unerbittlicher Härte gegen jeden vorging, der sich zu diesem Jesus bekannte?", sagten sie. […] Saulus jedoch trat mit immer größerer Entschiedenheit auf und brachte die Juden, die in Damaskus lebten, in größte Verwirrung, weil er überzeugend darlegte, dass Jesus der Messias ist.*

Apostelgeschichte 9,21-22

Material:

- Augenbinde oder ein undurchsichtiger Schal (ideal sind Schlafmasken)
- Schreibtischlampe oder Kerzen
- Streichhölzer
- Kleine Teelichte, nicht angezündet

Denkanstoß: Nehmen Sie sich einen Augenblick Zeit. In welche Bereiche Ihres Lebens sollte Gott ganz neu mit dem Licht seiner Liebe und Gnade hineinscheinen? Wo bedarf Ihr Leben oder das von Menschen in Ihrem Bekanntenkreis einer Veränderung durch ihn? Dies können Beziehungen sein oder Gewohnheiten, Persönlichkeitsmerkmale oder mangelnde Bereitschaft zu vergeben.

Gebet: Legen Sie die Augenbinde an und nehmen Sie in der Dunkelheit bewusst wahr, was Gott in Ihnen erleuchten oder verändern will. Nutzen Sie den Moment der „Blindheit" als Inspiration für Ihr Gebet.

Wenn Sie bereit sind, bringen Sie Ihre Anliegen vor Gott. Vertrauen Sie sich seiner verändernden Kraft an und nehmen Sie die Augenbinde ab. Genießen Sie ganz bewusst die Helligkeit und das, was Sie nun wieder sehen können. Machen Sie das Licht oder eine Kerze an als sichtbares Zeichen für Ihre Bitte an Gott, mit seinem Licht all die Bereiche Ihres Lebens zu erleuchten, über die Sie nachgedacht haben.

Nehmen Sie als Erinnerung an Ihr Gebet ein Teelicht mit nach Hause. Vielleicht zünden Sie es zu Hause an und lassen sich daran erinnern, dass Gott Licht ist in dunklen Zeiten und dass er Sie durch seine Gnade verändern möchte.

Kapitel 2

Frauen des Glaubens

Hanna: Geduldiger Glaube

Kerngedanken: Wir denken über die Geschichte von Hanna nach und bitten um Geduld und Verständnis für Gottes Zeitplanung in unserem Leben; wir beten um Geduld im Glauben oder danken für Gebete, auf die es erst nach einer Zeit des Wartens eine Antwort gab.

Biblischer Impuls: *Sie wurde schwanger und brachte noch im selben Jahr einen Sohn zur Welt. „Ich habe Gott um einen Sohn gebeten", sagte sie und nannte ihn daher Samuel („von Gott erbeten").* 1. Samuel 1,20

Material:

- Bleistifte oder Kugelschreiber
- Zifferblätter einer Uhr, ausgeschnitten, mit den Worten aus 1. Samuel 1,20 auf der Rückseite und Platz, um ein Gebet, Worte der Hoffnung oder des Glaubens aufzuschreiben

Legen Sie die Zifferblätter zusammen mit den Stiften auf einem Tisch oder einer Platte bereit.

Denkanstoß: In welchen Situationen Ihres Lebens brauchen Sie Geduld? Sind es schwierige Situationen, langwierige Krankheiten oder Gebetsanliegen, auf die Sie noch keine Antwort haben?

Gebet: Lassen Sie sich im Gebet von dem Vers auf der Rückseite des Zifferblattes leiten. Richten Sie Ihre Aufmerksamkeit besonders auf Dinge, bei denen Sie darauf vertrauen müssen, dass Gott sie regelt, wenn es an der Zeit ist. Bitten Sie um Geduld während des Wartens auf eine Antwort. Bitten Sie auch um Gottes Klarheit und Frieden, während Sie immer wieder seinen Beistand suchen.

Nehmen Sie eines der Zifferblätter mit als Erinnerung daran, dass Gott die Dinge zur rechten Zeit tut – und legen Sie die Zeitplanung in seine Hände.

Maria und Martha: Ruhe und Erneuerung

Kerngedanken: Wir verbringen Zeit zu den Füßen Jesu; wir werden still in seiner Gegenwart und beten um ein offenes Herz, um ihn hören zu können; wir nehmen uns wie Maria Zeit zum Zuhören und werden erfrischt.

Biblischer Impuls: *Als Jesus mit seinen Jüngern weiterzog, kam er in ein Dorf, wo ihn eine Frau mit Namen Martha in ihr Haus einlud. Sie hatte eine Schwester, die Maria hieß. Maria setzte sich dem Herrn zu Füßen und hörte ihm zu.*

Lukas 10,38-39

Material:

- Decken, Kissen oder bequeme Stühle
- Tee und kalte Getränke; Kuchen oder Kekse
- Ausgedruckte Geschichten, die Jesus erzählt hat, oder an den entsprechenden Stellen aufgeschlagene Bibeln
- Teebeutel, an denen Bibelverse befestigt sind (zum Mitnehmen)

Denkanstoß: Nehmen Sie sich etwas zu trinken und zu essen und machen Sie es sich auf einem Stuhl, einem Kissen oder einer Decke bequem – entspannen Sie sich. Lenken Sie in dieser entspannten Haltung Ihre Gedanken hin zu Gott. Lassen Sie die Sorgen des Alltags los, alle Arbeit und Verantwortlichkeiten, und nehmen Sie sich Zeit für sich selbst.

Versuchen Sie, vom Martha-Modus in den Maria-Modus umzuschalten. Stellen Sie sich vor, Sie säßen zu Füßen Ihres Herrn.

Lesen Sie eine der Geschichten aus den aufgeschlagenen Bibeln, eine Ihrer Lieblingsgeschichten oder auch eine neue.

Verweilen Sie in Gedanken bei wichtigen Momenten auf Ihrem Weg mit Gott bis hierher und spüren Sie Ihre Dankbarkeit. Ruhen Sie sich aus in der Gegenwart Gottes und überlegen Sie, an welchen Stellen Sie Gott um Kraft und Unterstützung bitten möchten.

Gebet: Beten Sie in der Stille; bringen Sie Gott all das, was Sie belastet, beunruhigt und freut und all die Dinge, die Sie ihm sonst noch gerne sagen möchten.

Nehmen Sie sich Zeit, darauf zu hören, was Gott Ihnen sagen möchte; sitzen Sie einfach still da und warten Sie auf ihn.

Wenn Sie bereit sind – erst dann – stehen Sie auf. Geben Sie all Ihre Sorgen und Ihre Last an Gott ab und nehmen Sie das Gefühl des Friedens mit in den Alltag, das Sie als entspannt zuhörende „Maria" hatten. Versuchen Sie, sich daran zu erinnern, wenn Sie wieder einmal im Martha-Modus sind.

Nehmen Sie sich einen der Teebeutel mit. Wenn Sie später Ihre Arbeit für eine Tasse Tee unterbrechen, denken Sie daran, sich in Gottes Gegenwart auszuruhen und in Gedanken zu seinen Füßen zu sitzen.

Ruth: Leben als Opfer

Kerngedanken: Wir reflektieren die Geschichte Ruths, die aufopferungsvoll für Noomi da war; wir betrachten die Bereiche unseres Lebens im Gebet, in denen wir uns selbst in den Hintergrund stellen müssen, um für andere da zu sein.

Biblischer Impuls: *Aber Ruth erwiderte: „Besteh nicht darauf, dass ich dich verlasse! Ich will mich nicht von dir trennen. Wo du hingehst, da will auch ich hingehen. Wo du bleibst, da bleibe ich auch. Dein Volk ist mein Volk, und dein Gott ist mein Gott. … die Frauen von Bethlehem [sagten] zu Noomi: „Gelobt sei der Herr! Er hat dir mit diesem Kind jemanden gegeben, der für dich sorgen wird. Möge dein Enkel berühmt werden bei den Israeliten!“*

Ruth 1,16 + 4,14

Material:

- Stifte
- Festes Papier
- Bibel, geöffnet auf der Seite des Buches Ruth, oder ein Ausdruck der Geschichte
- Fußabdrücke, ausgeschnitten, auf einer Seite mit den Worten aus Ruth 4,14 bedruckt

Denkanstoß: Welche Dinge müssen Sie aufgeben, damit Ihr Leben mehr von aufopfernder Liebe für andere geprägt sein kann? Wo ist Gott für Sie Ihr persönlicher „Löser" (Beschützer) gewesen, so wie es Boas für Ruth war?

Ruth hat nicht den leichten Weg gewählt; aber sie hat darauf vertraut, auch in der Einlösung ihres Gelübdes Erfüllung zu finden, indem sie ihr eigenes Glück in den Dienst Noomis stellte. Wo in Ihrem Leben will Gott, dass Sie aufopferungsvoller leben? Wie können Sie mehr Zeit in andere investieren? Was brauchen Sie vielleicht, um sich mehr auf Gottes erlösende Kraft zu verlassen?

Gebet: Bringen Sie all diese Gedanken im Gebet vor Gott. Wenn Sie ihm Ihr Leben von Neuem anvertrauen, wird er Ihnen dabei helfen, aufopferungsvoll zu leben.

Nehmen Sie einen der ausgeschnittenen Fußabdrücke in die Hand. Er ist Zeichen für die Erneuerung Ihres Glaubens an den Erlöser Gott und symbolisiert Ihre Bereitschaft, an Gottes Versprechen zu glauben: Er will Sie schützen und bewahren.

Genauso wie Boas sich verpflichtet hat, für Ruth zu sorgen und sie zu beschützen, hat Gott versprochen, Ihr „Löser" zu sein und Ihre aufopferungsvollen Taten anzuerkennen.

Das Opfer der Witwe: Uns ganz geben

Kerngedanken: Wir denken über die Geschichte vom Opfer der Witwe nach und bitten um Gottes Führung und Hilfe, damit wir mit unseren kleinen Gaben in seinem Reich große Dinge bewirken können.

Biblischer Impuls: *Er bemerkte auch eine ärmlich gekleidete Witwe, die zwei kleine Kupfermünzen hineinwarf. Da sagte er: „Ich versichere euch, diese arme Witwe hat mehr gegeben als alle anderen. Sie alle haben ihre Gaben aus ihrem Überfluss gegeben; diese Frau aber, so arm sie ist, hat alles gegeben, was sie besaß – alles, was sie zum Leben nötig hatte."* Lukas 21,2-4

Material:

- Goldtaler aus Schokolade oder glänzende Geldstücke (z. B. Centstücke)
- Handtellergroße Taler, ausgeschnitten aus gelbem oder weißem Tonkarton
- Kleiner Kollektenteller
- Stifte
- Lukas 21,2-4 ausgedruckt

Denkanstoß: Lassen Sie die Geschichte von der Witwe und ihrem Opfer auf sich wirken. Was in Ihrem Leben halten Sie für unwichtig oder wertlos? Das kann Ihre Zeit sein, Ihre Freundlichkeit, die Gabe des Redens oder der Gastfreundschaft oder auch Geld. Machen Sie sich bewusst, dass Gott all das nutzen kann.

Gebet: Nehmen Sie für Ihr Gebet einen der ausgeschnittenen Taler in die Hand. Bringen Sie Gott all Ihre Gaben, denen Sie keinen Wert beimessen. Bitten Sie ihn, diese für sein Reich zu gebrauchen und Großes damit zu bewirken. Schenken Sie ihm Ihre Zeit, Ihre Gebete, Ihre Talente und Ihr Geld und all die Bereiche Ihres Lebens, die Sie für unwichtig halten.

Bitten Sie Gott, dass er Ihnen dabei hilft, Ihr Gefühl der Unwürdigkeit zu überwinden und Wege zu finden, ihm zu dienen.

Wenn Sie bereit sind, schreiben Sie ein Gebet auf den Taler in Ihrer Hand und legen ihn auf den Kollektenteller. Er bleibt dort, stellvertretend für das, was Sie sich vorgenommen haben. Nehmen Sie sich einen der Schokoladentaler oder Geldstücke mit als Erinnerung daran, dass Gott aus allem, was wir ihm geben – und sei es noch so gering –, etwas machen kann.

Kapitel 3

Wunder

Wasser zu Wein

Kerngedanken: Anhand von Jesu Wunder auf der Hochzeit zu Kana danken wir Gott für die Wunder in unserem Leben; wir beten zu dem Gott, der durch die Kraft des Heiligen Geistes Unmögliches möglich machen kann.

Biblischer Impuls: *Durch das, was Jesus in Kana in Galiläa tat, bewies er zum ersten Mal seine Macht. Er offenbarte mit diesem Wunder seine Herrlichkeit, und seine Jünger glaubten an ihn.* Johannes 2,11

Material:

- Undurchsichtige Plastikbecher, jeweils gefüllt mit ein wenig Johannisbeersirup
- Durchsichtiger Wasserkrug aus Plastik, gefüllt mit Leitungswasser

Denkanstoß: Gibt es in Ihrem Leben Situationen oder Menschen, die Ihnen Schwierigkeiten bereiten und die nur durch ein Wunder Gottes Veränderung erfahren können? Erinnern Sie sich an Situationen, in denen Gott in Ihrem Leben etwas scheinbar Unmögliches bewirkt hat, das dann eine tiefgreifende Veränderung mit sich brachte?

Gebet: Gießen Sie, wenn Sie bereit sind, ein wenig Wasser in einen der Plastikbecher, schauen Sie hinein und nehmen Sie wahr, dass aus dem Wasser „Wein" geworden ist.

Beten Sie, während Sie trinken und das Getränk genießen, und übergeben Sie Gott die Bereiche Ihres Lebens, in denen ein Wunder nötig ist. Das kann eine Krankheit sein, Beziehungen, Verletzungen aus der Vergangenheit oder andere ganz persönliche Dinge aus Ihrem Leben oder dem einer Person aus Ihrem Bekanntenkreis.

Sie dürfen gewiss sein, dass Gott Ihr Gebet gehört und sich bereits der Situation angenommen hat, die Sie voller Vertrauen vor ihn gebracht haben.

Der wundersame Fischfang

Kerngedanken: Auf der Grundlage der Geschichte vom wundersamen Fischfang beten wir um Gehorsam und bitten Gott um Hilfe beim „Einholen unserer Netze"; wir bitten ihn, dass er unsere Gedanken lenkt.

Biblischer Impuls: *Als er aufgehört hatte zu reden, wandte er sich an Simon und sagte: „Fahr jetzt weiter hinaus auf den See; werft dort eure Netze zum Fang aus!" Simon antwortete: „Meister, wir haben uns die ganze Nacht abgemüht und haben nichts gefangen. Aber weil du es sagst, will ich die Netze auswerfen." Das taten sie dann auch, und sie fingen eine solche Menge Fische, dass ihre Netze zu reißen begannen.* Lukas 5,4-6

Material:

- Großes Netz (Fischernetz oder Ähnliches) oder gemaltes Netz (auf einem großen Stück Papier)
- Fische, ausgeschnitten aus Alufolie oder glänzendem, silberfarbigem Tonpapier
- Adressaufkleber, zum Beschreiben auf die Fische geklebt
- Stifte
- Klammern oder Tesafilm

Denkanstoß: Lenken Sie Ihre Gedanken auf den wundersamen Fischfang, der den Jüngern gelang, weil sie auf Jesus vertrauten und ihre Netze auf der anderen Seite des Bootes auswarfen. Wie können Sie Gott in Ihrem Leben Gehorsam und Vertrauen entgegenbringen und möglicherweise einen „Fang" machen, der viel größer ist, als Sie es sich vorstellen können?

Gebet: Schreiben Sie ein Gebet auf einen der ausgeschnittenen Fische – Sie könnten zum Beispiel ein Gebet des Gehorsams sprechen und Ihr Leben und Ihre zukünftigen Wege in die Hände Gottes legen.

Danken Sie für all die Situationen, in denen Gott in seinem Handeln Ihre Erwartungen übertroffen hat – sei es in Ihrem Privatleben, bei der Arbeit oder in Ihrem christlichen Engagement – und Ihnen so einen solch „wundersamen Fang" geschenkt hat.

Wenn Sie bereit sind, befestigen Sie Ihren Fisch mit einer Klammer oder Tesafilm an dem Netz. Er ist ein Symbol für Ihr Vertrauen auf Gott, der Sie auf Ihren Fischzügen begleitet und Sie mit all dem versorgt, was Sie brauchen.

Lassen Sie am Ende der Veranstaltung den ganz besonderen „wundersamen Fischfang" auf sich wirken, den die Teilnehmenden gemeinsam kreiert haben: ein Netz voller Gebetsfische.

Die Erweckung des Lazarus

Kerngedanken: Anhand der Geschichte von der Auferweckung des Lazarus denken wir darüber nach, dass Gott auch dort neues Leben schenken kann, wo eine Situation „tot“, also hoffnungslos verfahren scheint; dass er auch in schwierigen Zeiten Freude schenken kann und Hoffnung selbst in den dunkelsten Stunden.

Biblischer Impuls: *„Ich weiß, dass du mich immer erhörst. Aber wegen all der Menschen, die hier stehen, spreche ich es aus; ich möchte, dass sie glauben, dass du mich gesandt hast.“ Danach rief er mit lauter Stimme: „Lazarus, komm heraus!“ Der Tote trat heraus, Füße und Hände mit Grabbinden umwickelt und das Gesicht mit einem Tuch verhüllt. „Befreit ihn von den Tüchern und lasst ihn gehen!“, befahl Jesus den Umstehenden.*

Johannes 11,42-44

Material:

- Stoffstreifen oder Stoffbandagen, nicht aufgerollt
- Kleine Pflaster
- Stifte (z. B. Filzstifte), mit denen man die Bandagen beschriften kann

Denkanstoß: Lassen Sie die Geschichte auf sich wirken, in der Jesus Lazarus von den Toten erweckt hat. Wo in Ihrem Leben scheint etwas „tot" zu sein, ohne Hoffnung auf Wiederbelebung? Machen Sie sich bewusst, dass es in Gottes Macht liegt, Sie wieder aufzurichten, zu erneuern und zu ermutigen; er will, dass Sie seine Macht spüren, mit der er Wunder tut und Hoffnung bringt.

Gebet: Bringen Sie im Gebet vor Gott, was Ihnen zu diesem Thema eingefallen ist: Wo brauchen Sie, wo braucht jemand aus Ihrem Bekanntenkreis Gottes wunderwirkende Kraft und seine Stärke?

Wenn Sie bereit sind, schreiben Sie ein Gebet auf eine der Bandagen – ausformuliert oder auch nur in Form eines Namens, eines Wortes oder einer kleinen Zeichnung.

Legen Sie während des Schreibens all die Bereiche Ihres Lebens in Gottes Hände, die von Verletzungen geprägt sind oder unwiederbringlich zerstört scheinen. Die Bandage steht für Ihren Glauben an die heilende Kraft und den vollkommenen Frieden Gottes.

Nehmen Sie eines der kleinen Pflaster und kleben Sie es irgendwo auf Ihre Kleidung oder an einen anderen Ort, an dem es Sie regelmäßig an Ihr Gebet erinnert und Ihr Vertrauen auf Gottes heilende und erneuernde Kraft.

Der Schritt aus dem Boot

Kerngedanken: Wie Petrus sind wir oft ängstlich und brauchen in vielen Bereichen unseres Lebens Gottes Hilfe, um wie Petrus aus dem Boot zu steigen und auf dem Wasser zu gehen. Im Gebet wollen wir unsere Befürchtungen und Ängste an Gott abgeben, um mit seiner Hilfe „aus dem Boot zu steigen", und ihm danken für die Situationen, in denen es uns gelungen ist, unsere Komfortzone zu verlassen.

Biblischer Impuls: *„Komm!", sagte Jesus. Petrus stieg aus dem Boot und ging auf dem Wasser auf Jesus zu. Doch als er merkte, wie heftig der Sturm war, fürchtete er sich. Er begann zu sinken. „Herr", schrie er, „rette mich!" Sofort streckte Jesus seine Hand aus und hielt ihn fest. „Du Kleingläubiger", sagte er, „warum hast du gezweifelt?"*

Matthäus 14,29-31

Material:

- Große, blaue Decke oder entsprechendes Tuch oder Papier, auf dem Boden ausgebreitet
- Kissen oder Sitzsäcke als Boote, verteilt auf der Decke oder dem Stoff

Denkanstoß: Gibt es in Ihrem Leben einen Bereich, in dem Sie Gottes Hilfe brauchen, um im Glauben einen Schritt aus dem Boot zu machen? Überlegen Sie, wo Sie die Kraft und den Mut brauchen, den nur Gott Ihnen geben kann.

Wählen Sie ein bequemes „Boot", setzen Sie sich „hinein" und nehmen Sie sich Zeit, darüber nachzudenken, wo und wie Sie Gottes Hilfe brauchen, um „hinauszusteigen".

Gebet: Bringen Sie Probleme, die Sie beängstigend finden, die Ihre Fähigkeiten zu überschreiten scheinen oder außerhalb Ihrer Komfortzone liegen, im Gebet vor Gott.

Wenn Sie bereit sind, geben Sie all das an Gott ab und steigen Sie aus Ihrem Boot heraus in das Sie umgebende „Wasser" als Zeichen dafür, dass Sie auf die Hilfe Gottes bei diesem Schritt vertrauen.

Vielleicht möchten Sie auch für all die Situationen in Ihrem Leben danken, in denen Gott Sie zum Verlassen des Bootes befähigt und Ihnen dabei geholfen hat, Dinge zu tun, die unmöglich schienen.

Kapitel 4

Biblische Zusagen

Hoffnung

Kerngedanken: Anhand von Jeremia 29,11 lenken wir unsere Gedanken und Gebete auf die Zusage Gottes, uns zu erhalten und Hoffnung zu geben; wir wollen seinen Plänen für unser Leben Vertrauen schenken.

Biblischer Impuls: *Denn ich allein weiß, was ich mit euch vorhabe: Ich, der Herr, werde euch Frieden schenken und euch aus dem Leid befreien. Ich gebe euch wieder Zukunft und Hoffnung.* Jeremia 29,11

Material:
- Bibeln, geöffnet bei Jeremia 29,11 (am besten verschiedene Übersetzungen)
- Verschiedene Gegenstände mit dem Aufdruck von Jeremia 29,11 – z. B. Magnete, Postkarten oder Lesezeichen (erhältlich in christlichen Buchhandlungen)
- Kleine, dekorative Kärtchen in Scheckkartengröße, bedruckt mit Jeremia 29,11

Denkanstoß: In welchen Bereichen Ihres Lebens haben Sie im Augenblick mit Schwierigkeiten zu kämpfen? Bringen Sie diese im Gebet vor Gott, denn er hat uns Hoffnung und Zukunft zugesagt. Schauen Sie zurück: Wo entdecken Sie Gottes Handeln in Ihrem Leben? Danken Sie ihm dafür.

Gebet: Lesen Sie Jeremia 29,11 noch einmal in den verschiedenen Übersetzungen. Sprechen Sie die Worte langsam und als Gebet. Vielleicht sind sie Ihnen sehr vertraut, nehmen Sie sich also Zeit; konzentrieren Sie sich auf die einzelnen Worte und versuchen Sie zu verstehen, was sie für Sie persönlich bedeuten.

Wenn Sie bereit sind, formulieren Sie mithilfe des Verses Ihre Bitten für aktuelle Anliegen und Ihren Dank für die Zeiten in der Vergangenheit, in denen Gott Ihnen seine Pläne für Ihr Leben offenbart hat.

Danken Sie ihm für die Hoffnung, die aus dem Vertrauen auf ihn erwachsen ist, und bitten Sie darum, dass alle, die unsicher oder verzweifelt sind, diese Hoffnung spüren können.

Bitten Sie Gott darum, dass Jeremia 29,11 greifbar wird in Ihrem Alltag und in allem, womit Sie aktuell zu kämpfen haben. Nehmen Sie eins der kleinen Kärtchen mit, um sich an diese Gebetszeit zu erinnern und sich ermutigen zu lassen, auch weiterhin Ihr Vertrauen auf Gott zu setzen. Vielleicht möchten Sie es auch weitergeben an jemanden, der diese Ermutigung im Augenblick besonders braucht.

Kraft

Kerngedanken: Wir lassen uns erneuern und mit frischer Kraft ausstatten, indem wir in Gottes Gegenwart verweilen; wir nehmen uns Zeit darüber nachzudenken, dass er den Erschöpften Ruhe schenken will.

Biblischer Impuls: *„Kommt zu mir, ihr alle, die ihr euch plagt und von eurer Last fast erdrückt werdet; ich werde sie euch abnehmen. Nehmt mein Joch auf euch und lernt von mir, denn ich bin gütig und von Herzen demütig. So werdet ihr Ruhe finden für eure Seele."*

Matthäus 11,28-29

Material:

- Bequeme Stühle, Sitzsäcke, Kissen und Decken aller Art
- Bibeln oder Ausdrucke des Textes aus Matthäus 11,28-29
- Kleine Kärtchen mit den beiden Versen

Denkanstoß: Gott verspricht, den Müden Ruhe zu schenken und all die Beladenen zu trösten, die ihre Last an ihn abgeben. Welche Ihrer „Lasten“ sind zu schwer, um sie allein zu tragen? Gestehen Sie sich ein, dass es besser ist, sie an Gott abzugeben.

Gebet: Suchen Sie sich einen bequemen Platz zum Sitzen, einen Stuhl, einen Sitzsack, ein Kissen oder eine andere Sitzgelegenheit Ihrer Wahl.

Verweilen Sie eine Zeit lang einfach still in der Gegenwart Gottes und ruhen Sie sich aus. Lassen Sie all das los, was Sie im Alltag beschäftigt hat, oder nennen Sie es beim Namen und geben Sie es bewusst an Gott ab. Nehmen Sie sich dazu Zeit, halten Sie ein, werden Sie still und legen Sie Ihre Last im Gebet in seine Hände.

Versuchen Sie, Ihre Gedanken zur Ruhe kommen zu lassen, denken Sie nicht mehr an Ihre Sorgen und daran, wie die Zeit vergeht. Konzentrieren Sie sich allein auf Gott – vielleicht lassen Sie sich in Gebet und Nachdenken von dem oben eingeführten Bibelvers inspirieren und lenken.

Wenn Sie bereit sind, stehen Sie auf, lassen Sie Ihre Lasten bei Gott und vertrauen Sie darauf, dass er Sie mit der nötigen Kraft ausstattet.

Nehmen Sie eines der kleinen Kärtchen mit als Erinnerung an diese Gebetszeit und als Hilfe in Ihren persönlichen Zeiten der Stille.

Frieden

Kerngedanken: Wir bitten Gott um ein neues Gespür für Frieden, das unabhängig ist von unseren eigenen Umständen; wir vergewissern uns seines Trostes, auch wenn wir von Ängsten und Schwierigkeiten umgeben sind.

Biblischer Impuls: *Auch wenn ich nicht bei euch bleibe, sollt ihr doch Frieden haben. Meinen Frieden gebe ich euch; einen Frieden, den euch niemand auf der Welt geben kann. Seid deshalb ohne Sorge und Furcht!*

Johannes 14,27 (Hoffnung für alle)

Material:

- Bibeln oder Ausdrucke von Johannes 14,27
- Steine in Herzform oder aus Tonkarton ausgeschnittene Herzen
- Stifte, die auf den genutzten Materialien schreiben
- Geschenkpapier (optional)

Schreiben Sie auf jedes Tonkartonherz oder jeden Stein das Wort „Frieden". Wenn Sie möchten, können Sie jedes Herz in Geschenkpapier verpacken – als Geschenk des Friedens.

Denkanstoß: Lassen Sie den Begriff „Frieden Gottes" auf sich wirken. Wo und in welcher Form brauchen Sie ein neues Gefühl für Gelassenheit und Ruhe? Lesen Sie Johannes 14,27. Wie sieht der Friede aus, den Gott uns schenken will und den die Welt nicht geben kann? Denken Sie über diese Frage nach.

Gebet: Nachdem Sie die Verse gelesen und darüber nachgedacht haben, bringen Sie Gott im Gebet die Bereiche Ihres Lebens, in denen Sie auf seinen Frieden angewiesen sind – den Frieden, der menschliches Verstehen übersteigt und über unser kleines Leben hinausweist.

Nehmen Sie sich eines der „Geschenke des Friedens" und halten Sie es in der Hand, während Sie beten. Schauen Sie es an und danken Sie Gott für dieses Geschenk.

Nehmen Sie sich im Gebet vor, es in ständiger Erinnerung zu behalten und im Bewusstsein des Friedens Gottes zu leben, ganz gleich wie es in Ihrem Leben aussehen mag.

Danken Sie Gott für den Frieden in Ihnen, in Ihrem Herzen und in Ihrer Seele; für den Frieden, den er Ihnen bereits gegeben hat. Bitten Sie ihn um eine Erneuerung dieses Friedens, für Sie selbst und für andere, um deren Not sie wissen.

Nehmen Sie Ihr Geschenk des Friedens mit und lassen Sie sich dadurch an die Zusage Gottes erinnern. Suchen Sie einen Ort, an dem Ihr Blick immer wieder darauf fällt, oder schenken Sie es jemandem, von dem Sie wissen, dass er den Frieden Gottes nötig braucht.

Freude

Kerngedanken: Wir beten um Kraft und Freude und geben all unsere Lasten und Sorgen an Gott ab; wir nutzen die Heilige Schrift und auf ihr basierende Texte als Inspiration und Trost in schwierigen Zeiten.

Biblischer Impuls: *„Lasst den Mut nicht sinken, denn die Freude am Herrn gibt euch Kraft!"* Nehemia 8,10

Material:

- Bibeln oder Ausdrucke von Nehemia 8,10
- Kopien der Texte bekannter Anbetungslieder oder CD/MP3 – Versionen (z. B. „Holy is the Lord" von Chris Tomlin; optional)
- Kopfhörer und Stereoanlage (optional)

Denkanstoß: In schwierigen Zeiten ist es schwer, Freude zu empfinden und sich stark zu fühlen. Man hat häufig den Eindruck, das Glück aus guten Tagen nie wieder erleben zu können, z. B. aus der Zeit, in der man Gott das erste Mal begegnet ist. An welche schwierigen Zeiten in Ihrem Leben können Sie sich erinnern? Oder erleben Sie jetzt gerade eine solche Zeit? Und wo erleben Sie die Freude Gottes, die unser Verstehen übersteigt? Nehemia 8,10 verspricht, dass Gott uns seine Hilfe und Kraft gibt. Lassen Sie dieses Versprechen in sich wirken. Gibt es Menschen in Ihrem Umfeld, die gerade jetzt besonders diese Hilfe und Freude brauchen, mit der Gott uns ausstattet?

Gebet: Lenken Sie Ihre Aufmerksamkeit erneut auf diesen vertrauten Bibelvers oder auf die Liedtexte, die sich darauf beziehen.

Bitten Sie um neue Kraft, indem Sie Ihr Leben, Ihre Sorgen und Ihre Trauer in Gottes Hände legen. Bitten Sie ihn, dass er Ihnen die Kraft zum Durchhalten gibt und das Gefühl der Freude, ganz gleich, in welcher Situation Sie sich gerade befinden.

Wenn Sie von anderen wissen, die diese Zusage und eine neue Freude und Kraft besonders brauchen, bringen Sie auch sie im Gebet vor Gott.

Ganz gleich, wie schwach Sie sich fühlen – vertrauen Sie darauf, dass Gottes Freude Ihnen durch das Gebet zur Kraft werden kann.

Teil 2

In unserer Welt unterwegs

Kapitel 5

Wasser

Das Wasser des Lebens

Kerngedanken: Wir denken anhand von gefüllten Wasserflaschen über das „Wasser des Lebens" nach, das Jesus all denen verspricht, die auf dem Weg zu Gott sind; wir bitten darum, dass wir Erfrischung erfahren und unser Durst nach geistlicher Erfüllung gestillt wird.

Biblischer Impuls: *Jesus gab ihr zur Antwort: „Jeder, der von diesem Wasser trinkt, wird wieder Durst bekommen. Wer aber von dem Wasser trinkt, das ich ihm geben werde, wird niemals mehr durstig sein. Das Wasser, das ich ihm gebe, wird in ihm zu einer Quelle werden, die unaufhörlich fließt, bis ins ewige Leben."* Johannes 4,13-14

Material:

- Bibeln oder Kopien des Textes aus Johannes 4,13-14
- Kleine Flaschen mit stillem Mineralwasser
- Große weiße Adressaufkleber
- Eddings
- Kugelschreiber oder Bleistifte zum Schreiben
- Wassertropfen (aus hellblauem oder weißem Tonkarton ausgeschnitten)

Schreiben Sie mit Edding „Wasser des Lebens" auf die Adressaufkleber und kleben Sie diese über die Flaschenbanderolen.

Denkanstoß: Lesen Sie die Verse 13 und 14 aus Johannes 4. In welchen Bereichen Ihres Lebens oder Glaubens bedürfen Sie der Erfrischung und Erneuerung durch Jesu Wasser des Lebens?

Gebet: Nehmen Sie sich eine der Flaschen mit „Wasser des Lebens". Trinken Sie das klare, reine Wasser in einer anbetenden Haltung und mit dem Bewusstsein, dass Jesus Ihnen sein stärkendes und reinigendes „Wasser des Lebens" versprochen hat.

Danken Sie für all die Gelegenheiten, in denen Sie eine solche Erfrischung in Ihrem Leben erfahren haben, und bitten Sie darum, dass Gott Ihnen auch jetzt, während Sie trinken, Erneuerung schenkt und Ihren geistlichen Durst stillt.

Bringen Sie mit aufrichtigem Herzen all das vor ihn, was sich in Ihrem geistlichen Leben oder Dienst „ausgetrocknet" anfühlt und seiner reinigenden Kraft bedarf.

Schreiben Sie Ihr Gebet auf einen der Wassertropfen als Zeichen dafür, dass Sie sein lebendiges Wasser annehmen.

Wenn Sie bereit und erfrischt sind, gehen Sie weiter. Nehmen Sie Ihre Wasserflasche und den Wassertropfen mit als Erinnerung an Gottes Versprechen und Ihre Gebete.

Die Teilung des Roten Meeres

Kerngedanken: Wir bitten um Gottes Hilfe bei der Überwindung von anscheinend unüberwindlichen Problemen; wir geben all das an Gott ab, was uns erdrückt und belastet.

Biblischer Impuls: *Jesus sah sie an und sagte: „Bei den Menschen ist das unmöglich, aber für Gott ist alles möglich."* Matthäus 19,26

Material:

- Leitungswasser
- Tablett oder Schüssel
- Strohhalme (je einer für jeden Teilnehmenden)
- Plastiktischdecke

Denkanstoß: Gibt es in Ihrem Leben eine Herausforderung, die Ihnen so unüberwindlich scheint wie die Durchquerung des Roten Meeres? Schauen Sie das Wasser an, das vor Ihnen steht, und vertrauen Sie dem Gott, der selbst Meere teilen kann.

Gebet: Nehmen Sie sich einen Strohhalm und blasen Sie damit sanft auf die Wasseroberfläche. Bringen Sie dabei all das vor Gott, was Ihnen in Ihrem Leben, Ihrem Glauben oder Ihrem Dienst unlösbar zu sein scheint.

Während Sie das sich teilende Wasser beobachten, geben Sie all Ihre Sorgen an Gott ab. Sie können darauf vertrauen, dass er Ihnen bei der Überwindung Ihrer Herausforderungen zur Seite steht.

Danken Sie Gott für die Situationen in Ihrem Leben als Christ, in denen er Ihnen einen Weg gebahnt hat, wo nach menschlichem Ermessen kein Fortkommen mehr möglich gewesen wäre.

Nehmen Sie den Strohhalm als Erinnerung an die wunderwirkende Kraft Gottes mit nach Hause.

Jesus stillt den Sturm

Kerngedanken: Wir erzeugen Wellen und wenden uns im Gebet Gott zu, der die Stürme unseres Lebens stillen kann.

Biblischer Impuls: *Die Jünger stürzten zu Jesus und weckten ihn. „Meister, Meister", schrien sie, „wir sind verloren!" Jesus stand auf und wies den Wind und die Wellen in ihre Schranken. Da legte sich der Sturm, und es wurde ganz still.* Lukas 8,24

Material:

- Großes blaues Stück Stoff (am besten Organza, ein ähnlich leichter Stoff oder ein dünnes Leinentuch)
- Kleine blaue Stoffstücke, in Quadrate geschnitten

Legen Sie den Stoff glatt auf den Boden. Es sollte genügend Platz sein, dass sich eine oder mehrere Personen um ihn herum stellen oder setzen können.

Hier kann still oder laut gebetet werden, von einer einzelnen Person oder einer ganzen Gruppe gemeinsam.

Denkanstoß: In welchen Bereichen Ihres Lebens ist es im Augenblick „stürmisch", schwierig oder beängstigend – für Sie selbst oder für andere? Wo brauchen Sie oder Menschen, die Sie kennen, Gottes Hoffnung und Gnade, um den Sturm zu stillen?

Gebet: Stellen Sie sich – allein oder als Gruppe – an den Rand des Stoff-„Meeres".

Fangen Sie an, den Stoff sanft zu bewegen, um Wellen zu erzeugen. Denken Sie dabei über die Lebensbereiche nach, die bei Ihnen im Moment stürmisch sind oder außer Kontrolle. Geben Sie betend alle Ihre Ängste an Gott ab, indem Sie sie gedanklich in die Wellen werfen.

Dann halten Sie das Tuch still und schauen zu, wie die Wellen langsam verebben. Nutzen Sie dieses Bild der Stille, um Gott für das Stillen anderer Stürme Ihres Lebens zu danken; oder bekräftigen Sie noch einmal Ihr Vertrauen in diesen Gott, der die Kraft hat, auch Ihre aktuellen Stürme zu beruhigen.

Wenn Sie fertig sind, legen Sie das „Meer" auf den Boden zurück und lassen Sie Ihre Sorgen in Gottes Händen zurück. Nehmen Sie sich eines der kleinen Stoffstücke mit und legen Sie es an einen Ort, an dem es Sie an Gottes Kraft in unruhigen Zeiten erinnert.

Jesus wäscht seinen Jüngern die Füße

Kerngedanken: Wir bitten anhand der Geschichte von der Fußwaschung Jesu um einen Blick für die Bedürfnisse anderer und um demütiges Handeln, das andere wichtiger nimmt als uns selbst.

Biblischer Impuls: *Dann goss er Wasser in eine Waschschüssel und begann, den Jüngern die Füße zu waschen und mit dem Tuch abzutrocknen, das er sich umgebunden hatte. Simon Petrus jedoch wehrte sich, als die Reihe an ihn kam. „Herr, du willst mir die Füße waschen?“, sagte er. Jesus gab ihm zur Antwort: „Was ich tue, verstehst du jetzt nicht; aber später wirst du es begreifen.“*

Johannes 13,5-7

Material:

- Bibeln oder Kopien des Textes
- Große Plastikschüssel, etwa von der Größe einer Spülschüssel oder größer, halb gefüllt mit Wasser
- Kleine Fußabdrücke (ausgeschnitten aus hautfarbenem Moosgummi)
- Scheren
- Wasserfestes Tuch oder Plastiktischdecke
- Papierhandtücher

Bauen Sie die Station vorher auf. Die Schüssel sollte auf der Plastiktischdecke stehen und die Papierhandtücher bereitliegen. Die Fußabdrücke legen Sie neben die Schüssel.

Denkanstoß: Jesus lehrt uns durch sein Vorbild, dass wir andere im Blick haben sollen. Wie können Sie andere in Demut unterstützen? Wann haben Sie versäumt, dies zu tun?

Gebet: Versuchen Sie im Gebet herauszufinden, wie Sie zuallererst an andere denken können, oder bitten Sie um Vergebung für all die Male, in denen Sie dies versäumt haben. Setzen Sie als Zeichen dafür, dass Sie versuchen wollen, Jesu Beispiel in Ihrem Leben zu folgen, einen der Fußabdrücke auf das Wasser.

Lassen Sie den Abdruck während des Betens einen Augenblick auf dem Wasser schwimmen. Wenn Sie bereit sind, nehmen Sie den von Ihnen „gewaschenen" Fuß aus der Schüssel. Indem Sie dies tun, zeigen Sie Ihre Entschlossenheit, andere in den Blick zu nehmen und dazu regelmäßig um Gottes Führung zu bitten.

Trocknen Sie den Moosgummi-Abdruck mit einem Papierhandtuch und nehmen Sie ihn mit als Erinnerung daran, anderen in Demut zu helfen, so wie Jesus es getan hat.

Kapitel 6

Wind

Ventilator und bunte Bänder

Kerngedanken: Wir beten mithilfe von bunten Bändern und einem Ventilator um neue Kraft und die frische Energie des Heiligen Geistes.

Biblischer Impuls: *Erschaffe in mir ein reines Herz, o Gott, und gib mir einen neuen, gefestigten Geist.*

Psalm 51,12

Material:
- Bunte Bänder
- Großer Tisch- oder Boden-Ventilator mit Gitterschutz

Schließen Sie den Ventilator an den Strom an, lassen ihn aber ausgeschaltet. Die Bänder liegen neben dem Ventilator bereit.

Denkanstoß: Gott macht uns fähig, unseren Weg mit ihm selbst dann weiterzugehen, wenn wir müde geworden sind. Gibt es in Ihrem Leben, Ihrer Arbeit, in Ihrer körperlichen Verfassung oder in Ihrem geistlichen Dienst Bereiche, in denen Sie sich körperlich, emotional oder geistlich ausgebrannt fühlen?

Gebet: Bringen Sie Ihre Anliegen im Gebet vor Gott. Nehmen Sie eines der Bänder und knoten Sie es an das Gitter des (nach wie vor ausgeschalteten) Ventilators.

Betrachten Sie das Band, das zwar sicher verknotet, aber schwach und kraftlos hängt. Beten Sie für die Bereiche Ihres Lebens, die neu mit dem Geist Gottes gefüllt werden müssen, damit Sie wieder Energie bekommen und sich neu mit Gott verbunden wissen.

Wenn Sie bereit sind, schalten Sie den Ventilator an. Schauen Sie, wie die Bänder voller Energie im Wind des Ventilators flattern, und danken Sie Gott für seine Kraft und Stärke.

Nehmen Sie sich einen Moment Zeit, um den Wind im Gesicht zu spüren, und lassen Sie sich so daran erinnern, dass Gottes Geist Sie mit seiner Kraft erfrischt.

Wenn Sie fertig sind, stellen Sie den Ventilator aus und lassen Ihr Band am Gitter festgebunden zurück als Zeichen dafür, dass Sie all Ihre Erschöpfung bei Gott lassen. Die Erinnerung an den Wind auf Ihrem Gesicht gibt Ihnen die Gewissheit, dass Gott seinen Geist sendet, um uns neue Kraft zu geben.

Seifenblasen

Kerngedanken: Wir nehmen die einzigartige Schönheit von Seifenblasen wahr und lassen uns durch sie dazu inspirieren, Gott zu danken für seine Schöpfung, für die großartigen Gaben, die er uns geschenkt hat, und für die Möglichkeit, seine Liebe in der Welt zu verbreiten.

Biblischer Impuls: *Ich danke dir dafür, dass ich so wunderbar erschaffen bin, es erfüllt mich mit Ehrfurcht. Ja, das habe ich erkannt: Deine Werke sind wunderbar!*

Psalm 139,14

Material:

- Gefäße mit Seifenblasenflüssigkeit oder eine Seifenblasenmaschine
- Bodentücher oder Lappen, um den Boden zu reinigen, wenn er rutschig wird

Vergewissern Sie sich im Vorfeld, dass Sie am Veranstaltungsort Seifenblasen benutzen dürfen. Wenn nicht, bauen Sie Ihre Station im Freien auf.

Stellen Sie sicher, dass die Station betreut wird und alle Spritzer sofort aufgewischt werden.

Denkanstoß: Seifenblasen sind wunderschön und einzigartig, so wie jeder Einzelne von uns. Wenn sie vom Wind erfasst werden, sind sie nicht nur ein großartiger Anblick, sondern können auch weit fliegen. Pusten Sie ein paar Seifenblasen in die Luft und beobachten Sie, wie sie schweben, durch Ihren Atem angetrieben, jede einzelne ganz einzigartig.

Gebet: Beginnen Sie zu beten, während Sie die Seifenblasen betrachten. Nehmen Sie jede einzelne wahr in ihrer ganz eigenen Größe und dem Weg, den sie nimmt. Nennen Sie Gott all die Gaben, die er Ihnen geschenkt hat, und danken Sie ihm dafür, ebenso wie für die Einsatzmöglichkeiten, die Gott für Sie bereithält.

Bitten Sie um Impulse dafür, wie Gott Sie gebrauchen kann, um seine Liebe in der Welt auszubreiten. Sehen Sie den Seifenblasen dabei zu, wie sie wegschweben und zerplatzen. Geben Sie dabei Ihre Gebete an Gott ab und bitten Sie ihn, Sie mit seinem frischen „Atem" zu füllen, damit Sie hinausgehen können in die Welt, um all das zu tun, wozu er Sie berufen hat.

Gebetspropeller

Kerngedanken: Wir bringen unsere Gebete vor Gott, veranschaulicht durch einen Gebetspropeller aus Papier, der, von der Luft aufrecht gehalten, zu Boden fliegt.

Biblischer Impuls: *Da flehte ich zum Herrn, meinem Gott, ich fastete, zog ein Trauergewand aus Sacktuch an und streute Asche auf meinen Kopf. Ich bekannte dem Herrn die Schuld unseres Volkes: „Ach Herr, du mächtiger und ehrfurchtgebietender Gott! Du hältst deinen Bund mit uns und erweist Gnade denen, die dich lieben und nach deinen Geboten leben."* Daniel 9,3-4

Material:

- Gebetspropeller aus Papier, entweder vorbereitet oder als kopierte Vorlage zum Abpausen mit Bastelanleitung (s. Anhang)
- Scheren (wenn das Ausschneiden der Propeller Teil der Aktion ist)
- Büroklammern
- Stifte

Denkanstoß: Manchmal ist es schwierig, Probleme oder unsere Bitten an Gott loszulassen, ganz gleich, wo auf unserem Glaubensweg wir uns befinden. Gibt es etwas, was Sie an Gott abgeben sollten, vielleicht in Form einer Beichte oder eines Übergabegebetes?

Gebet: Nehmen Sie sich einen Gebetspropeller und schreiben Sie ein Gebet auf die Propellerblätter. Wenn Sie möchten, können Sie die Blätter auch verzieren und sich dabei Zeit nehmen, Gott um Hilfe zu bitten beim Loslassen, damit er in Ihrem Leben wirken kann.

Wenn Sie bereit sind, klappen Sie die Propellerblätter an der Faltlinie entlang in zwei Richtungen und befestigen Sie die Büroklammer am unteren Ende, um den Propeller zu beschweren. Die Blätter sollten wie bei einem Hubschrauber im 90°-Winkel vom Mittelstück abstehen. Halten Sie den Propeller auf Armlänge am Mittelstück fest.

Geben Sie Ihre Gebete an Gott ab und geben Sie den Propeller als Zeichen für Ihr Loslassen frei. Beobachten Sie, wie er zu Boden fliegt und Ihre Gebete mitnimmt.

Windräder

Kerngedanken: Wir rufen uns ins Bewusstsein, dass Gott die Macht hat, durch die Kraft seines Heiligen Geistes unser Leben zu verändern. Er kann uns in Bewegung bringen für die Sache Gottes.

Biblischer Impuls: *Und er hauchte sie an und sagte: „Empfangt den Heiligen Geist! Wem ihr die Sünden vergebt, dem sind sie vergeben; wem ihr sie nicht vergebt, dem sind sie nicht vergeben.“* Johannes 20,22-23

Material:
- Papierwindräder, ausgeschnitten, mit kleinen Löchern in den Ecken und in der Mitte (s. Abpausvorlage und Bastelanleitung im Anhang)
- Kugelschreiber und Filzstifte
- Scheren
- Klebepads
- Knickbare Trinkhalme aus Plastik

Denkanstoß: Genauso wie unser Atem das Windrad in Bewegung setzt, kann Gott uns durch seinen Heiligen Geist mit seiner ehrfurchtgebietenden Kraft verändern. Wo hat Gott bereits etwas in Ihrem Leben verändert? Wo brauchen Sie seine Hilfe dafür in Ihrem persönlichen Leben, bei der Arbeit oder in Ihrem Glauben?

Gebet: Schreiben Sie auf die Ecken des Windrades ein Dankgebet oder eine Bitte um die Kraft zu handeln; oder nennen Sie Namen von Menschen, die des Heiligen Geistes besonders bedürfen. Vielleicht möchten Sie das Windrad auch mit den bereitliegenden Stiften anmalen oder verzieren. Nutzen Sie die Zeit des kreativen Gestaltens, um Ihre Gedanken in Gebete zu fassen und sie zu Gott zu bringen.

Wenn Sie zu Ende gemalt haben, stecken Sie das knickbare, obere Ende des Trinkhalms durch das Loch in der Mitte. Legen Sie nacheinander auch die vier Ecken über den Halm, sodass die Löcher übereinanderliegen. Befestigen Sie zum Schluss ein Klebepad am Ende des Halms, um die Flügel festzuhalten; lassen Sie aber genug Raum, damit sie sich drehen können.

Setzen Sie das Windrad mit Ihrem Atem in Bewegung und nehmen Sie wahr, wie Worte und Verzierung vor Ihren Augen verschwimmen. Betrachten Sie das sich drehende Windrad und geben dabei Ihr Gebet an Gott ab.

Nehmen Sie Ihr Windrad mit als Erinnerung daran, Gott immer wieder um seinen Geist und seine Kraft zu bitten, die Ihr Leben und das Leben anderer positiv verändert.

Kapitel 7

Jahreszeiten

Herbstblätter

Kerngedanken: Anhand von herabgefallenem Laub oder Blättern aus Tonkarton bitten wir Gott um Hilfe dabei, ebenso wie die Bäume im Herbst alles abwerfen zu können, was uns daran hindert, unser von Gott gegebenes Potenzial auszuschöpfen.

Biblischer Impuls: *Wir sind also von einer großen Schar von Zeugen umgeben, deren Leben uns zeigt, dass es durch den Glauben möglich ist, den uns aufgetragenen Kampf zu bestehen. Deshalb wollen auch wir – wie Läufer bei einem Wettkampf – mit aller Ausdauer dem Ziel entgegenlaufen. Wir wollen alles ablegen, was uns beim Laufen hindert, uns von der Sünde trennen, die uns so leicht gefangen nimmt.* Hebräer 12,1

Material:
- Herbstblätter oder Blätter aus Tonkarton, orange oder braun
- Zusätzliche kleinere Blätter aus Tonkarton
- Zweige und Äste, echt oder aus braunem Tonkarton ausgeschnitten
- Vase oder ähnliches Gefäß

Stellen Sie die Zweige und Äste an der Station in eine Vase oder ein anderes Gefäß und verteilen Sie die Blätter (echt oder ausgeschnitten) rundherum. Legen Sie die kleineren Blätter aus Tonkarton in einem Stapel daneben.

Denkanstoß: Der Herbst kann eine deprimierende Jahreszeit sein. Die Bäume verlieren ihre Blätter und es wird kalt. Aber abgefallene Blätter können auch ein Zeichen der Hoffnung und des neuen Lebens sein, ein Zeichen dafür, dass man Altes hinter sich lässt und nach vorne schaut, neuem Wachstum und neuem Leben entgegen.

Gebet: Betrachten Sie eine Weile einfach die Herbstblätter am Fuß des „Baumes". Lassen Sie sich von ihnen dazu inspirieren, für all das zu danken, was Sie mit Gottes Hilfe in Ihrem Leben hinter sich lassen konnten, weil es Sie daran gehindert hat, Ihren Weg mit ihm zu gehen.

Nehmen Sie auch die Dinge mit in Ihr Gebet, die Sie noch hinter sich lassen müssen. Vielleicht möchten Sie zum Beten eines der Blätter in die Hand nehmen. Geben Sie an Gott ab, was Sie am Weitergehen hindert: Ängste, Reue, Schuld, Verletzungen oder Gewohnheiten, und bitten Sie ihn um die Kraft, all das hinter sich zu lassen.

Wenn Sie bereit sind, geben Sie Ihr Gebet an Gott ab und legen Sie als Zeichen Ihres Loslassens das Blatt zurück unter den Baum. Nehmen Sie eines der kleinen Blätter als Erinnerung mit nach Hause.

Wintereis

Kerngedanken: Wir beten um Kraft und Ausdauer, um die „Winter" unseres Lebens auszuhalten und zu überstehen; wir suchen nach Gott in den Phasen unseres Lebens, die vom Ringen mit Schwierigkeiten geprägt sind und in denen der „Frühling" weit entfernt scheint.

Biblischer Impuls: *Denn der Herr ist gut zu dem, der ihm vertraut und ihn von ganzem Herzen sucht. Darum ist es das Beste, geduldig zu sein und auf die Hilfe des Herrn zu warten.* Klagelieder 3,25-26

Material:

- Warmes Wasser (nicht kochend) in einer Plastikschüssel
- Eiswürfel in einer zweiten Plastikschüssel
- Plastiktischdecke

Denkanstoß: Der Winter kann endlos sein; wir können von ihm aber lernen, geduldig zu sein, während wir auf den Frühling warten. Außerdem ist er die Jahreszeit, in der wir die Geburt Jesu feiern – die Erfüllung einer lange erwarteten Verheißung. Gibt es in Ihrem Leben Problembereiche, die scheinbar ungelöst bleiben oder Ihnen so vorkommen, als wären sie nicht zu ändern? Auch wenn wir das Gefühl haben, in unserem Glauben durch eine Zeit des Winters zu gehen – Gott ist da und wirkt in uns, er kann uns dabei helfen, geduldig zu sein und auf den Frühling zu warten.

Gebet: Beten Sie für die Problembereiche Ihres Lebens, die eingefroren scheinen und schwer zu verändern. Nehmen Sie einen Eiswürfel in die Hand, spüren Sie kurz seine Kälte und beten Sie für „vereiste" oder schwierige Situationen oder Beziehungen.

Legen Sie den Eiswürfel nach einer Weile in die Schüssel mit dem warmen Wasser und beobachten Sie, wie er langsam schmilzt.

Nehmen Sie sich Zeit, um herauszufinden, auf was Sie warten, und bitten Sie Gott um die nötige Geduld. Sie dürfen darauf vertrauen, dass Gott Sie auch in den Winterzeiten Ihres Leben hält und begleitet; mit ihm ist immer ein neuer Frühling und ein neuer Anfang möglich, das hat er verheißen. Manchmal ist dies ein langer Prozess, er braucht Zeit, wie das Schmelzen des Eiswürfels. Und manchmal muss man sich beim Warten auf das Ende des Winters daran erinnern, dass eines Tages ganz bestimmt eine neue Jahreszeit beginnt.

Frühlingsblumen

Kerngedanken: Der Frühling lädt dazu ein, erwachendes Leben, Neuanfänge und Hoffnung zu feiern. Wir danken im Gebet für einen neuen Anfang mit Gott oder bitten um seine Führung auf unserer Suche danach.

Biblischer Impuls: *Vielmehr wissen wir: Wenn jemand zu Christus gehört, ist er eine neue Schöpfung. Das Alte ist vergangen; etwas ganz Neues hat begonnen!*

2. Korinther 5,17

Material:

- Kreise oder Blütenblätter in verschiedenen leuchtenden Farben, ausgeschnitten aus Seidenpapier
- Musterklammern
- Großes grünes Tuch oder Stoffstück oder, wenn möglich, ein Stück echter Rasen

Denkanstoß: Lassen Sie die lebendigen Farben des Seidenpapiers auf sich wirken, nehmen Sie sich einige Blütenblätter, um daraus eine Blume zu basteln. Lenken Sie Ihre Gedanken dabei auf das neue Leben, das im Frühling überall entsteht; die Natur ist ein Spiegel für die Verheißung von Veränderung und Hoffnung.

Gebet: Legen Sie Ihre Blütenblätter aufeinander und klammern Sie sie mithilfe einer Musterklammer so in der Mitte zusammen, dass daraus eine Blüte entsteht. Danken Sie Gott, wenn er in Ihrem Leben etwas Neues hat entstehen lassen, oder bitten Sie ihn für Bereiche Ihres Lebens, in denen ein Neustart mit ihm nötig ist oder Sie neue Energie für Ihren Weg mit ihm brauchen.

Klammern Sie die Blätter in dem Bewusstsein aneinander, dass Sie all das an Gott abgeben, und legen Sie Ihre Blüte als zusätzliches Zeichen dafür auf dem Tuch oder Rasenstück ab.

Sommersand

Kerngedanken: Wir stellen mithilfe von Sand eine Verbindung zum Sommer als Zeit der Erholung und Stärkung her; wir bitten um Erneuerung und Vergebung für all das, was uns daran hindert, unseren Weg mit Gott zu gehen.

Biblischer Impuls: *„Ich kann dir sagen, woher das kommt. Ihre vielen Sünden sind ihr vergeben worden, darum hat sie mir viel Liebe erwiesen. Wem aber wenig vergeben wird, der liebt auch wenig." Und zu der Frau sagte Jesus: „Deine Sünden sind dir vergeben."* Lukas 7,47-48

Material:

- Flaches Tablett, mit weichem Sand gefüllt (kein Bausand), tief genug, um darin zu malen
- Plastikdecke oder Tischtuch

Legen Sie die Plastikdecke oder das Tischtuch unter das Tablett.

Denkanstoß: Der Sommer steht gewöhnlich für Urlaub und Spaß; wir können ihn aber auch als Gelegenheit nutzen, um über das nachzudenken, was in unserem Leben der Vergebung bedarf. Gibt es etwas, das Sie vor Gott bringen möchten – Dinge, von denen Sie wissen, dass sie falsch sind oder nicht hilfreich, und die Sie davon abhalten, das Leben in Fülle zu leben, das Gott für Sie vorgesehen hat?

Gebet: Schreiben oder malen Sie, während Sie all das im Gebet vor Gott bringen, mit dem Finger ein Wort oder ein Bild in den Sand, um Ihr Bekenntnis vor ihm sichtbar zu machen. Wenn Sie bereit sind, bitten Sie Gott um Vergebung und schütteln Sie das Tablett so, dass Ihr Wort oder Ihre Zeichnung verschwindet.

Genauso, verspricht Gott, verschwinden unsere Sünden, wenn wir sie bereuen. Sie können mit ihm neu anfangen, die Sünden sind aus seiner Erinnerung getilgt. Keine Spur von ihnen bleibt zurück, ebenso wenig wie von Ihrem Wort oder Bild im Sand. Wir müssen sie nur aus tiefster Seele bereuen. Lassen Sie das Tablett zurück, wie Sie es vorgefunden haben, und nehmen Sie die Gewissheit mit, dass Ihnen durch die Gnade Gottes Vergebung geschenkt wurde.

Kapitel 8

Frucht des Geistes

Frucht-Baum

Kerngedanken: Wir bitten auf kreative Weise um die Frucht des Heiligen Geistes in unserem Leben; wir wollen sie wachsen lassen und bitten um Gottes Hilfe dabei.

Biblischer Impuls: *Die Frucht hingegen, die der Geist Gottes hervorbringt, besteht in Liebe, Freude, Frieden, Geduld, Freundlichkeit, Güte, Treue, Rücksichtnahme und Selbstbeherrschung. Gegen solches Verhalten hat kein Gesetz etwas einzuwenden.* Galater 5,22-23

Material:

- Zweige von einem Baum, kleiner Ast oder aus Tonkarton ausgeschnittener Baum
- Vase oder ähnliches Gefäß
- Früchte, ausgeschnitten aus grünem, gelbem, rotem und orangenem Papier (Apfel, Pfirsich, Banane, Orange), jeweils mit einem Loch versehen
- Stifte
- Bänder oder Schnüre

Stellen Sie Ihren „Baum" in die Vase und legen Sie die ausgeschnittenen Früchte und Bänder bzw. Schnüre und die Stifte daneben.

Denkanstoß: Welche der im Bibelvers aufgezählten Früchte des Geistes möchten Sie in Ihrem Leben wachsen sehen? Brauchen Sie mehr Geduld oder mehr Selbstbeherrschung oder müssen Sie anderen gegenüber mehr Güte und Rücksichtnahme zeigen? Welche Früchte des Geistes hat Gott Ihnen schon geschenkt, damit Sie seinen Willen in der Welt tun können? Wofür können Sie ihm danken?

Gebet: Wenn Sie bereit sind, suchen Sie sich eine der ausgeschnittenen Früchte aus und nehmen Sie sich Zeit, die von Ihnen gewählte Frucht des Geistes betend zu bedenken. Schreiben Sie ein Gebet auf die Papierfrucht – ein einzelnes Wort, z. B. „Geduld" oder „Friede", oder auch ein ganzes Gebet.

Bitten Sie Gott um Wachstum Ihrer Frucht des Geistes und hängen Sie dann Ihre Papierfrucht an den Baum, so entsteht ein Baum mit vielen Früchten des Geistes.

Lassen Sie Ihre Frucht bei all den anderen zurück in der Gewissheit, dass Gott Ihnen die Frucht des Geistes schenkt, um Ihnen Tag für Tag in Ihrem Glauben und Handeln zu helfen.

Frucht-Saft

Kerngedanken: Wir besinnen uns darauf, wie erfrischend es ist, erneut oder zum ersten Mal mit dem Heiligen Geist erfüllt zu werden und seine Frucht genießen zu können; wir bitten um die in Galater 5,22-23 aufgezählten Eigenschaften: Liebe, Freude, Frieden, Geduld, Freundlichkeit, Güte, Treue, Rücksichtnahme und Selbstbeherrschung.

Biblischer Impuls: *Da wir also durch Gottes Geist ein neues Leben haben, wollen wir uns jetzt auch auf Schritt und Tritt von diesem Geist bestimmen lassen.* Galater 5,25

Material:

- Fruchtsaft (z. B. Apfel-, Orangen- oder tropischer Fruchtsaft)
- Plastik- oder Papierbecher
- Selbstklebende Adressaufkleber
- Edding
- Kleine Karteikarten
- Plastiktischdecke

Schreiben Sie im Vorfeld mit Edding die Früchte des Geistes auf die Adressaufkleber (je einen pro Aufkleber) und kleben Sie diese auf die Becher.

Es sollte jeweils mehrere Becher für jede „Frucht" geben.

Schreiben oder drucken Sie zum Mitnehmen jeweils eine der Früchte des Geistes oder den Vers aus Galater 5,25 auf die Karteikärtchen.

Denkanstoß: Welche der Früchte des Geistes aus Galater 5,22-23 haben Sie in Ihrem Leben am nötigsten? Vielleicht möchten Sie Gott um neue Erfahrungen mit Frieden oder Geduld bitten, oder Sie haben Mühe mit einer anderen Fähigkeit, z. B. Selbstbeherrschung oder Freundlichkeit, und möchten neu von ihr erfüllt werden.

Gebet: Nehmen Sie sich zu Anfang Ihres Betens einen Becher mit der Frucht des Geistes, der Sie in Ihrem Leben neue Frische geben möchten. Gießen Sie Fruchtsaft in den Becher. Während Sie den erfrischenden Saft genießen, bringen Sie Gott Ihr Bedürfnis, diese Frucht zu vertiefen oder weiterzuentwickeln.

Entspannen Sie sich und lassen Sie sich während des Trinkens ganz neu erfüllen mit Gottes Geist. Nehmen Sie am Ende den Becher und eins der Kärtchen mit dem Vers aus Galater 5 mit als Erinnerung daran, Gott immer wieder um seine Hilfe auf diesem Weg zu bitten.

Frucht-Schale

Kerngedanken: Wir bitten Gott um seinen Heiligen Geist und um mehr Anteil an der Frucht des Geistes, die uns fähig macht, unseren Weg mit Gott zu gehen; wir danken Gott für all das, was er uns bereits so reichlich geschenkt hat.

Biblischer Impuls: *Gott kennt uns Menschen ja durch und durch, und er hat die Echtheit ihres Glaubens bestätigt, indem er ihnen genau wie uns den Heiligen Geist gegeben hat.* Apostelgeschichte 15,8

Material:
- Echte oder künstliche Früchte (z. B. Äpfel, Bananen, Apfelsinen oder Pfirsiche)
- Große Obstschale oder Obstkorb
- Edding

Bereiten Sie die Früchte vor, indem Sie mit Edding gut lesbar je eine der verschiedenen Früchte des Geistes (aus Galater 5,22-23) auf deren Schale schreiben. Arrangieren Sie die Früchte dann dekorativ in der Obstschale oder dem Korb.

Denkanstoß: Gott verspricht in seiner Gnade und Barmherzigkeit, uns die Früchte des Geistes reichlich zu schenken. Manchmal müssen wir neu danach greifen und darum bitten, dass sie zu Hause oder am Arbeitsplatz stärker zum Tragen kommen, besonders die Geistesgaben, die uns Schwierigkeiten bereiten.

Gebet: Setzen Sie sich bequem zurecht und nehmen Sie sich eine der Früchte aus der Schale. Halten Sie diese in der Hand, lesen Sie, was darauf geschrieben steht, und denken Sie betend darüber nach, was dieser Begriff für Ihr Leben bedeutet.

Danken Sie Gott, dass er Ihnen den Heiligen Geist so reichlich schenkt, und bitten Sie ihn um Hilfe für die Stellen, an denen Ihnen die Frucht des Geistes, die Sie in der Hand halten, im Alltag Mühe bereitet.

Sie dürfen nacheinander so viele der Früchte nehmen, wie Sie möchten, sie beim Beten in der Hand halten und über das Wirken des Heiligen Geistes nachdenken. Legen Sie die Früchte anschließend in die Schale zurück und behalten Sie diese Geste im Gedächtnis. Sie soll daran erinnern, Gott immer wieder neu um seinen Geist zu bitten und darum, die Früchte des Geistes in Ihrem Leben reifen zu lassen.

Frucht-Bonbons

Kerngedanken: Wir denken darüber nach, wo wir andere erleben, die durch ihre Worte und ihr Handeln die Frucht des Geistes erkennen lassen, und wir danken für diese Menschen.

Biblischer Impuls: *Es gibt viele verschiedene Gaben, aber es ist ein und derselbe Geist, der sie uns zuteilt. Es gibt viele verschiedene Dienste, aber es ist ein und derselbe Herr, der uns damit beauftragt. Es gibt viele verschiedene Kräfte, aber es ist ein und derselbe Gott, durch den sie alle in uns allen wirksam werden. Bei jedem zeigt sich das Wirken des Geistes auf eine andere Weise, aber immer geht es um den Nutzen der ganzen Gemeinde.*

1. Korinther 12,4-7

Material:
- Großes Stück Tonkarton oder Pappe mit einem aufgemalten Baum
- Verschiedene Fruchtbonbons, einzeln verpackt, in einer Schale
- Klebestifte

Denkanstoß: Wo entdecken wir die Frucht des Geistes Gottes in Worten oder im Handeln der Menschen in unserem Umfeld? Fallen Ihnen einzelne Menschen oder Organisationen ein, die Liebe, Freundlichkeit, Geduld, Freude, Sanftmut oder andere Geistesgaben leben und etwas im Leben anderer bewirken?

Gebet: Suchen Sie sich ein Bonbon aus, packen es aus und stecken es in den Mund. Genießen Sie den Geschmack und zerknüllen Sie das Papier zu einem kleinen Ball, während Sie im Gebet Gott für die Frucht des Geistes danken, die Sie an anderen erleben und die für Sie oder andere in Ihrer Gemeinschaft oder der Welt etwas verändert.

Wenn Sie bereit sind, kleben Sie den Papierball auf den Tonkartonbaum, als wäre er eine dort wachsende Frucht, und beten Sie für all diejenigen, bei denen Sie Früchte des Geistes Gottes erleben.

Vielleicht möchten Sie der Person, für die Sie gebetet haben, ein Bonbon mitnehmen. So erfährt der- oder diejenige, dass Sie sich ein Beispiel an ihr oder ihm nehmen.

Teil 3

Als Kirche unterwegs

Kapitel 9

Passionszeit und Ostern

Eine neue Seite aufschlagen

Kerngedanken: Passionszeit und Ostern sind ein Zeichen für neues Leben und einen Neuanfang: Blumen beginnen zu wachsen und überall entsteht neues Leben. Bei der Vorbereitung auf das Osterfest können auch wir uns mit Gottes Hilfe für einen Neuanfang entscheiden und eine neue Seite unseres Lebens aufschlagen.

Biblischer Impuls: *Vielmehr wissen wir: Wenn jemand zu Christus gehört, ist er eine neue Schöpfung. Das Alte ist vergangen; etwas ganz Neues hat begonnen!*

2. Korinther 5,17

Material:

- Blätter, ausgeschnitten aus grünem Tonpapier oder dünnem Karton (nehmen Sie weißes Papier, wenn Sie kein grünes finden)
- Tablett (optional)
- Stifte

Schreiben oder drucken Sie deutlich lesbar Verhaltensweisen oder Lebensbereiche, die die Teilnehmenden vielleicht ändern möchten, auf die Rückseite der Blätter (z. B. Freundschaft, Arbeitsplatz oder Gebetsleben). Lassen Sie einige Blätter unbeschrieben, falls jemand weitere Begriffe aufschreiben möchte.

Legen Sie die Blätter mit der Schrift nach unten auf das Tablett.

Denkanstoß: Gibt es in Ihrem Leben etwas, das Sie anders machen wollen? Zum Beispiel eine Gewohnheit, die Sie ablegen möchten?

Gebet: Blättern Sie nacheinander die Blätter auf dem Tablett um. Wenn Sie auf einen Bereich Ihres Lebens stoßen, in dem Sie „eine neue Seite aufschlagen“ sollten, dann nehmen Sie sich Zeit, dafür zu beten.

Wenn Sie für etwas beten möchten, das auf keinem der Blätter erscheint, schreiben Sie Ihr eigenes Wort oder Ihren Satz auf ein leeres Blatt. Auch dieses können Sie umschlagen und um einen neuen Start bitten.

Nehmen Sie als Erinnerung an Ihre Gebete Ihr Blatt (oder eines der anderen) mit nach Hause.

Sollten Sie das Gefühl haben, in Ihrem Leben wieder einmal eine neue Seite aufschlagen zu müssen, können Sie auf diese Übung zurückgreifen.

Den Stein wegrollen

Kerngedanken: Anhand des von Jesu Grab weggerollten Steines denken wir darüber nach, was uns daran hindert, in Freiheit zu leben und zu entdecken, was Gott für uns bereithält.

Biblischer Impuls: *Durch die Taufe sind wir mit Christus gestorben und sind daher auch mit ihm begraben worden. Weil nun aber Christus durch die unvergleichlich herrliche Macht des Vaters von den Toten auferstanden ist, ist auch unser Leben neu geworden, und das bedeutet: Wir sollen jetzt ein neues Leben führen.* Römer 6,4

Material:

- Kleine Kieselsteine (selbst gesammelt oder gekaufte Dekosteine)
- Große Schüssel mit Wasser (nicht zu tief)
- Wasserfeste Plane oder Tischdecke

Stellen Sie die Wasserschüssel auf die wasserfeste Plane oder das Tischtuch und legen Sie die Kieselsteine dazu.

Denkanstoß: Was hindert Sie daran, den notwendigen Schritt zu einem neuen Leben in Fülle zu tun, das Gott Ihnen anbietet? Sind es Lügen, Verletzungen, Wut, Bitterkeit, Unversöhnlichkeit oder die Erinnerung an Vergangenes, was Sie zurückhält?

Gebet: Nehmen Sie sich einen der Kieselsteine. Bringen Sie alles, was Sie vielleicht daran hindert, Gottes Leben in Fülle anzunehmen, im Gebet vor Gott, während Sie den Stein in Ihrer Hand spüren. Geben Sie die Dinge an Gott ab und bitten Sie ihn, Ihren ganz persönlichen Stein wegzurollen.

Als Zeichen Ihres Loslassens legen Sie Ihren Stein in die Wasserschüssel und übergeben Gott so all das, was Sie beschäftigt und belastet.

„Es ist nicht mehr wie früher“

Kerngedanken: Wir denken darüber nach, in welchen Bereichen unser Glaube nicht mehr ist, wie er einmal war; wir bitten Gott um seine Hilfe dabei, die Freude über unseren Weg mit ihm wiederzuentdecken oder zum ersten Mal zu erleben.

Biblischer Impuls: *Erschaffe in mir ein reines Herz, o Gott, und gib mir einen neuen, gefestigten Geist.* Psalm 51,12

Material:

- Süße und herzhafte Snacks, z. B. Chips, kleine Schokoriegel und Süßigkeiten, auf kleine Schüsseln verteilt

Denkanstoß: Man hört besonders ältere Menschen häufig sagen, dass „es nicht mehr ist wie früher“. Der Schokoriegel der Lieblingsmarke ist kleiner geworden oder schmeckt nicht mehr so gut, die Chipstüten scheinen nur halb voll zu sein. Fühlt sich Ihr Glaube manchmal genauso an? Ist er nicht mehr so „groß“, wie er einmal war? Scheint er nur „halb voll“ zu sein oder nicht mehr so „süß“, wie Sie ihn in Erinnerung haben?

Wo hat Ihre Beziehung zu Gott im Laufe der Zeit an Süße verloren?

Gebet: Genießen Sie die Snacks und bitten Sie währenddessen Gott im Gebet darum, Sie neu (oder zum ersten Mal) mit der Freude und „Süße“ zu füllen, die so viele Menschen empfinden, wenn sie sich zum ersten Mal auf den Weg des Glaubens machen. Nehmen Sie sich Zeit darüber nachzudenken, auf welche Art Sie diese Freude wiederentdecken können.

Wenn Ihr Glaube nur noch „halb voll“ oder nicht mehr so groß wie vorher scheint, dann bitten Sie Gott in dieser Passions- und Osterzeit darum, Sie neu mit dem Heiligen Geist zu füllen. Nehmen Sie sich immer wieder Zeit, um sich auf Ihren Weg mit ihm zu besinnen und dafür zu beten.

Gesichter Jesu

Kerngedanken: Mithilfe verschiedener Bilder von Jesus denken wir darüber nach, wer Jesus ist, und danken für all das, was er in unserem Leben getan hat.

Biblischer Impuls: *Er, der Gott in allem gleich war und auf einer Stufe mit ihm stand, nutzte seine Macht nicht zu seinem eigenen Vorteil aus. Im Gegenteil: Er verzichtete auf alle seine Vorrechte und stellte sich auf dieselbe Stufe wie ein Diener. Er wurde einer von uns – ein Mensch wie andere Menschen. Aber er erniedrigte sich noch mehr: Im Gehorsam gegenüber Gott nahm er sogar den Tod auf sich; er starb am Kreuz wie ein Verbrecher.*

Philipper 2,6-8

Material:
- Verschiedene Bilder von Jesus oder eine Diashow mit Bildern aus Film und Kunst auf einem Laptop
- Tisch mit einem oder mehreren bequemen Stühlen

Im Internet oder in Büchern und anderem Druckmaterial finden Sie die verschiedensten Darstellungen Christi. Wählen Sie Bilder aus verschiedenen Phasen von Jesu irdischem Leben, einschließlich seines Todes am Kreuz.

Denkanstoß: Wie stellen Sie sich Jesus vor? Welches Bild entsteht vor Ihren Augen, wenn Sie seine Geschichten in der Bibel lesen? War er blond oder dunkelhaarig? Welche Farbe mögen seine Augen gehabt haben? Ihr Bild ist vielleicht angelehnt an Filme, bunte Glasfenster oder Gemälde, die Sie gesehen haben, oder vielleicht das Ergebnis lang gehegter persönlicher Vorstellungen davon, wie Jesus ausgesehen haben mag.

Gebet: Beginnen Sie mit diesen eigenen Vorstellungen im Kopf und den Bildern, die vor Ihnen liegen, zu ihm als Ihrem Herrn und Erlöser zu beten. Danken Sie für alles, was er Sie gelehrt hat, für die Geschichten, die er erzählt hat, und dafür, dass er der Mensch war, den die Bibel beschreibt.

Vertiefen Sie sich in die Bilder, die andere sich von ihm gemacht haben, und überlegen Sie, in welcher Form Sie vielleicht Ihre Beziehung zu Jesus vertiefen oder erneuern möchten. Bringen Sie dies im Gebet vor ihn und bitten Sie ihn um seine Führung.

Lassen Sie die Bilder von Jesus am Kreuz auf sich wirken – die schmerzhafte, entsetzliche Realität seines Todes –, aber wenden Sie Ihre Gedanken auch hin zu seiner Auferstehung in Herrlichkeit. Bitten Sie um ein neues Verständnis dafür, wie seine Auferstehung Ihnen persönlich Kraft schenken und Sie auf Ihrem Weg des Glaubens durchdringen kann. Könnte sie auch Ihre Rolle und Aufgabe als Teil des Leibes Christi, in Ihrer Kirchengemeinde, in Ihrem Umfeld vor Ort verändern?

Kapitel 10

Pfingsten

Feuer

Kerngedanken: Anhand von Kerzen besinnen wir uns auf das Licht Gottes in unserem Leben; wir bitten darum, dass unser Glaube neu entfacht wird, und um Inspiration dafür, wie wir als „Licht" Gottes seine Liebe in die Welt bringen können.

Biblischer Impuls: *Herr, du machst die Finsternis um mich hell, du bist mein Licht.* 2. Samuel 22,29

Material:

- Kerzen
- Streichhölzer
- Kleine Teelichte

Denkanstoß: Wie sieht die Flamme Ihres Glaubens aus? Brennt sie noch so hell wie am Anfang? Muss sie zu einem stärkeren Feuer angefacht oder sogar neu entzündet werden, weil sie so gut wie verloschen ist?

Gebet: Nehmen Sie die Kerze und betrachten Sie betend den nicht angezündeten Docht. Wie sieht Ihre Flamme des Glaubens aus? Erzählen Sie Gott ganz ehrlich, ob Ihr Glaube im Augenblick eher hell oder schwach leuchtet. Bitten Sie darum, dass Ihre Leidenschaft für Gott neu entfacht wird, und zünden Sie dabei die Kerze an.

Beobachten Sie, wie die Flamme erst flackert und dann größer wird. Danken Sie dafür, dass Gott Ihnen dabei geholfen hat, durch Ihre Worte oder Ihr Handeln überall dort das Licht seiner Liebe in die Welt zu tragen, wo Sie gerade sind.

Danken Sie für das Licht seiner Erlösung, das in Ihrem Leben scheint. Stellen Sie Ihre Kerze neben all die anderen brennenden Kerzen und danken Sie für Ihre Schwestern und Brüder im Glauben, für das Licht ihres Glaubens, das neben Ihrem eigenen leuchtet.

Nehmen Sie ein Teelicht mit nach Hause und bewahren Sie es gut auf. Immer dann, wenn Sie das Gefühl haben, dass Ihr Glaube zu erlöschen droht, wiederholen Sie das Gebet und bitten Gott um sein Licht in Ihrem Leben oder im Leben der Menschen in Ihrem Umfeld.

Luftballons

Kerngedanken: Wir nutzen einen Luftballon als Bild, um darüber nachzudenken, wie wir die von Gott geschenkte Kraft des Heiligen Geistes zum Tragen bringen können und anderen seine Liebe zeigen.

Biblischer Impuls: *Plötzlich setzte vom Himmel her ein Rauschen ein wie von einem gewaltigen Sturm; das ganze Haus, in dem sie sich befanden, war von diesem Brausen erfüllt. Gleichzeitig sahen sie so etwas wie Flammenzungen, die sich verteilten und sich auf jeden Einzelnen von ihnen niederließen. Alle wurden mit dem Heiligen Geist erfüllt, und sie begannen, in fremden Sprachen zu reden; jeder sprach so, wie der Geist es ihm eingab.*

Apostelgeschichte 2,2-4

Material:

- Verschiedenfarbige Luftballons
- Atem!
- Eine Ballonpumpe (optional)

Denkanstoß: Der Heilige Geist ist eine mächtige Kraftquelle, ein wenig wie Wind, den man fühlen kann und der nicht nur stark ist, sondern auch Leben verändert. Wo hat der Heilige Geist Sie gestärkt und dazu ermutigt, im Glauben zu handeln, so wie es die Jünger am ersten Pfingsttag taten?

Gebet: Suchen Sie sich einen Luftballon aus und blasen ihn auf. Beginnen Sie zu beten, während der Ballon durch ihren Atem oder die Ballonpumpe größer und größer wird.

Halten Sie den aufgeblasenen Ballon in der Hand, ohne ihn zuzuknoten, und spüren Sie im Gebet, wie Gottes Geist Sie erfüllt, Ihren Glauben stärkt und Ihnen Kraft gibt.

Danken Sie für das Wirken des Heiligen Geistes in Ihrem Leben oder, wenn Sie sich geistlich leer fühlen, bitten Sie Gott um seinen Geist.

Bitten Sie Gott darum, Ihnen Visionen und Inspiration zu schenken, so wie es die Christen der frühen Kirche am ersten Pfingstfest erfahren haben, damit Sie ihm nicht durch Ihre eigene Kraft dienen, sondern durch die Kraft des Heiligen Geistes.

Zum Schluss lassen Sie die Luft sanft aus dem Ballon ausströmen und spüren Sie den Luftstrom auf Ihrem Gesicht. Bitten Sie darum, genauso spüren zu können, wie der Heilige Geist Ihr Herz erfrischt und Ihnen neue Kraft schenkt.

Tauben

Kerngedanken: Wir beschäftigen uns mit dem Frieden und dem Trost, den Gottes Geist bringen kann und den die Bibel mit dem Bild einer Taube beschreibt, die aus dem Himmel herabschwebt; wir beten um Frieden.

Biblischer Impuls: *In dem Augenblick, als Jesus nach seiner Taufe aus dem Wasser stieg, öffnete sich über ihm der Himmel, und er sah den Geist Gottes wie eine Taube auf sich herabkommen.* Matthäus 3,16

Material:
- Tauben, ausgeschnitten aus weißem Papier oder Tonkarton
- Lange Bänder oder Schnüre
- Klammern oder Tesafilm
- Stifte und Filzstifte
- Klebestifte und dekorative Kleinteile wie Pailletten, Sticker oder Bänder (optional)

Befestigen Sie Band oder Schnur so, dass die Tauben wie eine Gebetsfahne daran befestigt werden können. Verfügt der Raum, in dem Sie beten, über eine niedrige Decke oder freie Wand, schneiden Sie Band oder Schnur in kurze Stücke und hängen Sie jede Taube einzeln auf.

Denkanstoß: Der Geist Gottes, so wie er in der Bibel beschrieben wird, ist sanft. Gott möchte, dass Sie Frieden finden, nicht nur an Pfingsten, sondern immer.

Gebet: Nehmen Sie sich eine ausgeschnittene Taube. Während Sie die Taube bemalen, öffnen Sie sich innerlich für Gott und lassen Frieden und Trost auf sich wirken. Beschriften Sie die Taube mit einem Gebet oder Wort oder malen Sie etwas, je nachdem, wie Sie sich fühlen. Bitten Sie um den entspannten, ruhigen Frieden, den Gottes Geist Ihnen und anderen bringen kann. Wenn vorhanden (und Sie mögen), können Sie die Taube auch noch mit verschiedenen Bastelmaterialien verzieren.

Ebenso wie Sie die Stille auf sich wirken lassen und um die Erneuerung des Friedens zu diesem Pfingstfest bitten, danken Sie Gott für seine Gnade und seinen Heiligen Geist, der all denen Trost bringt, die dessen bedürfen.

Zum Schluss befestigen Sie Ihre Taube mit einer Klammer oder Tesafilm an dem Band, sodass pfingstlich dekorative Gebetsfahnen entstehen. Oder Sie bildet gemeinsam mit anderen einzeln hängenden Tauben eine kleine Taubenschar.

Flammen der Liebe

Kerngedanken: Wir beten für unser Umfeld oder die Welt, damit andere die heilende Kraft des Geistes Gottes kennenlernen und seine Liebe erleben, die wie ein Feuer brennt.

Biblischer Impuls: *Darum gehet hin und machet zu Jüngern alle Völker: Taufet sie auf den Namen des Vaters und des Sohnes und des Heiligen Geistes und lehret sie halten alles, was ich euch befohlen habe. Und siehe, ich bin bei euch alle Tage bis an der Welt Ende.* Matthäus 28,19-20

Material:

- Großer Stadtplan oder Fotos von Ihrer Stadt oder Ihrem Stadtteil; oder eine Weltkarte als Foto, Zeichnung oder in Form eines Globus
- Rotes und gelbes Seidenpapier, in Flammen geschnitten
- Klebepads oder Tesafilm

Denkanstoß: Die frühen Christen erlebten den Heiligen Geist an Pfingsten in Form von Feuerzungen. Wie können wir dieses Symbol der Kraft Gottes nutzen, damit es uns nicht nur zum Beten ermutigt, sondern uns auch in die Welt hinausgehen lässt, um, bestärkt durch den Heiligen Geist, die Liebe Gottes zu den Menschen zu bringen?

Gebet: Bitten Sie im Gebet um Energie, damit Sie die Flamme der Liebe Gottes in Ihr Umfeld hineintragen können. Nehmen Sie sich eine der Flammen aus Seidenpapier, halten Sie sie einen Augenblick in der Hand und bitten Sie ganz konkret um eine Möglichkeit, die Liebe Gottes mit anderen zu teilen.

Kleben Sie die Flamme dann als Ihre persönliche Antwort an Gott auf den Stadtplan, ein Foto, die Zeichnung oder den Globus. Sie soll sichtbares Zeichen sein für Ihren Wunsch, das Feuer des Geistes an andere weiterzugeben.

Sie gestalten auf diese Weise gemeinsam mit anderen eine Welt, die in Flammen steht mit der Liebe Gottes. Beten Sie dabei um Energie und Möglichkeiten, Ihr eigenes Umfeld für Gott zu entflammen.

Nehmen Sie eine weitere Flamme aus Seidenpapier mit nach Hause. Sie ist ein Zeichen dafür, dass Sie die Flamme der Kraft und Liebe Gottes in sich tragen und gleichzeitig hinaus in Ihr Umfeld und überall dorthin, wohin Sie gehen.

Kapitel 11

Erntedank

Brot

Kerngedanken: Wir kneten Teig und backen Brot und nehmen dies zum Anlass, Gott für all die Segnungen in unserem Leben zu danken; wir beten für diejenigen, die nicht so gut versorgt sind wie wir, und wir teilen unsere „Ernte“ mit anderen.

Biblischer Impuls: *Dann sind unsere Vorratsspeicher gut gefüllt, um die verschiedensten Speisen darzubieten.*

Psalm 144,13

Material:

- Selbst gemachter Brotteig, in kleine Portionen aufgeteilt
- Mehl
- Backbleche
- Kuchenauskühler aus Draht
- Abwischbare Tischdecke
- Ofen
- Backpapier
- Backutensilien wie Gabeln, Cocktailspieße oder kleine Teigroller
- Möglichkeit zum Hände waschen

Heizen Sie den Ofen auf 220° C vor.

Denkanstoß: Machen Sie sich bewusst, mit was Sie gesegnet sind: genug zu essen, ein Dach über dem Kopf, Liebe, Gesundheit, Freunde, Frieden, medizinische Versorgung und vieles mehr. Machen Sie sich ebenso bewusst, dass es viele Menschen gibt, die weniger Glück haben als Sie. Sie brauchen unser Gebet und praktische Hilfe.

Gebet: Nehmen Sie sich eine Portion Brotteig. Beginnen Sie damit, sie auf einer bemehlten Fläche zu kneten. Danken Sie Gott dabei für die „Portion", die Sie im Leben zugeteilt bekommen haben.

Formen Sie den Teig, vielleicht zu einer Weltkugel oder einem Herz oder auch nur zu einer kleinen Rolle, und streichen Sie ihn glatt. Wenn Sie mögen, können Sie ihn mit den vorhandenen Utensilien verzieren. Danken Sie für all das, was Gott Ihnen geschenkt hat. Beten Sie dann auch für diejenigen in Ihrem Bekanntenkreis oder in der Welt, die nicht so viel Segen erleben und Gottes Liebe brauchen.

Legen Sie Backpapier auf ein Backblech. Wenn Sie bereit sind, setzen Sie Ihren Teig darauf und schieben ihn für 10–15 Minuten in den Ofen, bis er goldbraun und durchgebacken ist. Vielleicht möchten Sie das Brot während dieser Zeit beobachten, möchten dabei sein, wenn es aufgeht und sich verändert, und mit diesem Bild vor Augen für eine Veränderung der Welt und ein Ende von Hunger und Leid beten.

Wenn das Brot fertig gebacken und ausgekühlt ist, können Sie es essen und Gott für die leibliche und geistliche Nahrung danken, mit der er uns Tag für Tag versorgt. Alternativ können Sie das Brot verschenken und so jemand anders Anteil geben an Gottes Güte und Fürsorge.

Samenkörner

Kerngedanken: Wir beten für Wachstum und bitten Gott um Kraft für die Aufgabe, die Saat des Glaubens zu säen; wir bitten um Geduld, während wir auf die Ernte warten, die Gott uns und denen schenkt, mit denen wir unseren Glauben teilen.

Biblischer Impuls: *Beharrlich habe ich auf den Herrn gehofft, da wendete er sich mir zu und erhörte mein Schreien.*

Psalm 40,2

Material:
- Samenpäckchen, z. B. mit Sonnenblumensamen
- Kleine Blumentöpfe mit Erde
- Gießkanne, gefüllt mit Wasser
- Pflanzenschilder und Papier
- Edding
- Abdeckung zum Schutz des Tisches

Sonnenblumensamen sind besonders gut geeignet für diese Gebetsstation, weil sie leicht zu handhaben sind und ein Samen pro Topf ausreicht.

Denkanstoß: Gott möchte, dass wir in unserem Glauben und in der Liebe wachsen und ihn immer besser kennenlernen. Er möchte auch, dass wir die Saat unseres Glaubens mit anderen teilen, in der Hoffnung, dass sie keimt und wächst.

Gebet: Nehmen Sie einen oder mehrere Samen und legen Sie sie in die Erde. Vielleicht möchten Sie dabei um Wachstum im Glauben oder im Leben bitten; oder Sie beten darum, dass lang gehegte Gebete Wurzeln schlagen und etwas zu wachsen beginnt.

Bitten Sie um Weisheit und die richtigen Worte, wenn Sie durch Ihren eigenen gelebten Glauben und durch Ihr Handeln die Saat des Glaubens in andere legen wollen. Drücken Sie die Samen kräftig in die Erde, bedecken Sie sie und bringen Sie währenddessen Ihr Gebet um Wachstum vor Gott.

Geben Sie den Samen ein wenig Wasser und beten Sie dabei um das Vertrauen darauf, dass Gott selbst dann eine Ernte für Sie bereithält, wenn Ihre Gebete zu schlummern scheinen und Sie darauf warten, dass Gott in Ihr Leben eingreift. Benutzen Sie die Pflanzenschilder, um die Samen zu beschriften und sie später wiederzuerkennen. Nehmen Sie Ihren Blumentopf mit nach Hause und bitten Sie Gott um Geduld, während Sie auf ein Wachstum der Pflanze warten und sie pflegen. Beten Sie jedes Mal, wenn Sie die Pflanze gießen, erneut für all das, was Gott in Ihrem Leben bereits gesät hat, auch wenn es noch nicht sichtbar ist.

Sollten Ihre Samen nicht aufgehen, beten Sie um einen besonders starken Glauben in Zeiten, in denen Ihre Gebete anscheinend nicht erhört werden. Vertrauen Sie weiter darauf, dass Gott am Werk ist, auch wenn die Ernte manchmal nicht so aussieht, wie Sie es erwartet haben.

Brot und Fische

Kerngedanken: Wir entdecken, dass alles, was wir Gott zur Verfügung stellen, und sei es ein noch so geringes bisschen an Zeit, Talent oder Ressourcen, unermesslich viel mehr bewirken kann, als wir es uns vorstellen können; wir bitten um Weisheit bei der Entscheidung, was wir geben sollen, und um das Vertrauen, dass er unsere Gabe nutzen wird, um Großes in seinem Reich zu tun.

Biblischer Impuls: *„Wir haben hier aber nur fünf Brote und zwei Fische“, entgegneten sie. „Bringt sie mir her!“, sagte Jesus. Nachdem er angeordnet hatte, die Leute sollten sich im Gras lagern, nahm er die fünf Brote und die zwei Fische, blickte zum Himmel auf und dankte Gott dafür. Dann brach er die Brote in Stücke und gab sie den Jüngern, und die Jünger verteilten sie an die Menge. Und alle aßen und wurden satt. Am Schluss sammelte man auf, was übrig geblieben war – zwölf Körbe voll.* Matthäus 14,17-20

Material:

- Kleine Brotlaibe, ausgeschnitten aus braunem oder gelbem Tonkarton (oder aus angemaltem weißem)
- Kleine Fische, ausgeschnitten aus gold- oder silbermetallicfarbenem Tonkarton (oder aus angemaltem weißem)
- Ein oder mehrere Körbe

Füllen Sie, wenn nötig, Brote und Fische nach.

Denkanstoß: Denken Sie über die Geschichte der wunderbaren Brotvermehrung in Matthäus 14 nach. Wie kann Gott unser „bisschen" nutzen für eine Ernte von Menschen, die neu zum Glauben kommen?

Gebet: Machen Sie sich im Gebet bewusst, welche Gaben Sie Gott zur Verfügung stellen möchten, um seine Liebe an andere weiterzugeben – von denen Sie aber denken, sie seien zu klein. Nehmen Sie dazu ein Brot oder einen Fisch in die Hand.

Lassen Sie bewusst die Befürchtung los, Sie könnten nicht so gut sein wie die anderen; lassen Sie ebenso das Gefühl los, Ihre Ressourcen, Ihre Zeit und Ihre Talente könnten für Gott nicht von Nutzen sein. Legen Sie dazu ihre kleine Gabe, das Brot oder den Fisch, in den bereitstehenden Korb.

Machen Sie sich bewusst, dass Gott alles, was Sie haben, zu seinem Nutzen einsetzen kann und es auch tut. Sie sollten nicht unterschätzen, wie viel Gott bewirken kann mit dem wenigen, das Sie freiwillig geben.

Weizen – Gebet für den Stadtteil

Kerngedanken: Wir bitten darum, dass Gottes Liebe in unserem Stadtteil oder unserer Stadt Wurzeln schlägt; wir bitten darum, dass Gott uns die Kraft gibt, unseren Teil zur Ernte beizutragen.

Biblischer Impuls: *Da sagte er zu seinen Jüngern: „Die Ernte ist groß, doch es sind nur wenig Arbeiter da. Bittet deshalb den Herrn der Ernte, dass er Arbeiter auf sein Erntefeld schickt!"* Matthäus 9,37-38

Material:

- Kornähren, ausgeschnitten aus gelbem Tonkarton
- Echte Kornähren (optional)
- Flipchart-Papier oder ein großes Stück Pappe
- Tesafilm oder Klebepads

Malen Sie eine große Straßenkarte von Ihrem Stadtteil oder Ihrer Stadt oder schreiben Sie eine Liste mit Orten (Schulen, Straßennamen, Einkaufszentren usw.) auf das Flipchartpapier oder die Pappe.

Denkanstoß: Welche Schritte können Sie oder Ihre Ortskirchengemeinde tun, um in Ihrem Stadtteil für Gott die Ernte einzubringen? Schauen Sie sich die Karte an oder lesen Sie die Liste der Orte und überlegen Sie, in welcher Form Sie Saat aussäen, etwas sagen oder tun können, um in Ihrem Umfeld für Gott etwas zu bewirken.

Gebet: Beten Sie für die Ihnen vertrauten Straßen und Orte in Ihrem Stadtteil oder Ihrer Stadt. Nehmen Sie die Menschen in Ihr Gebet hinein, die an diesen Orten leben und in deren Gemeinschaft Gott Sie „gesetzt" hat.

Legen Sie eine Weizenähre auf die Stelle der Karte oder der Liste, zu der Sie sich berufen fühlen. Sie soll Zeichen sein für Ihren Wunsch, dort eine große Ernte für Gott zu einzubringen.

Gestalten Sie so gemeinsam ein Bild von Ihrem Stadtteil, das angefüllt ist mit der Ernte Ihrer Gebete. Nutzen Sie dieses Bild als Erinnerung daran, immer wieder für Ihr Umfeld zu beten und um Gottes Beistand für Ihren Anteil an der Ernte zu bitten.

Kapitel 12

Advent und Weihnachten

Weihnachtsstern

Kerngedanken: Wir denken darüber nach, wie wir Gott in dieser Adventszeit mit neuem Gehorsam folgen und seinen Verheißungen für unser Leben ganz neu vertrauen können; wir gehen den Weg, den er uns führt.

Biblischer Impuls: *Jesus wurde zur Zeit des Königs Herodes in Betlehem, einer Stadt in Judäa, geboren. Bald darauf kamen Sterndeuter aus einem Land im Osten nach Jerusalem. „Wo ist der König der Juden, der kürzlich geboren wurde?", fragten sie. „Wir haben seinen Stern aufgehen sehen und sind gekommen, um ihm Ehre zu erweisen."* Matthäus 2,1-2

Material:

- Sterne, ausgeschnitten aus Goldfolie oder silbernem Tonkarton
- Stifte
- Tesafilm oder Heftzwecken
- Großes Stück Stoff, dunkelblau oder schwarz

Denkanstoß: Wie können Sie Gott in dieser Adventszeit nachfolgen und seinen Verheißungen für Ihr Leben wieder neu Vertrauen schenken – so wie es die weisen Männer getan haben, die gehorsam dem Stern folgten?

Gebet: Bitten Sie Gott, Ihnen deutlich zu zeigen, welchen Weg Sie nehmen sollen, und entscheiden Sie sich neu dafür, ihm zu folgen. Schreiben Sie dazu ein Gebet auf einen der Sterne.

Wenn Sie fertig sind, heften Sie Ihren Stern an das Tuch und geben Sie Ihre Gebete im Gehorsam an Gott ab. Bitten Sie ihn, Sie auf seinen Wegen zu leiten.

Aus den Gebetssternen vieler wird ein „Sternenhimmel", der Symbol ist für Ihre erneute Hingabe an Gott und Ihr Versprechen, ihm zu folgen.

Stechpalmenkranz

Kerngedanken: Indem wir eine Weihnachtsdekoration basteln, die uns an das Opfer erinnert, das Jesus am Kreuz für uns gebracht hat, öffnen wir uns für Gott; wir machen uns ganz neu bewusst, dass Weihnachten am Anfang dieser Geschichte steht.

Biblischer Impuls: *Sie hängten ihm ein purpurfarbenes Gewand um, flochten eine Krone aus Dornenzweigen und setzten sie ihm auf.* Markus 15,17

Material:

- Stechpalmenblätter, ausgeschnitten aus grünem Papier oder Tonkarton
- Ring aus starker Pappe als Grundlage für einen Kranz
- Klebestifte
- Stifte

Denkanstoß: Kränze aus Stechpalmen werden häufig als Dekoration in der Weihnachtszeit benutzt. Wir nehmen die Stechpalme als Symbol für die Dornenkrone Jesu bei seiner Kreuzigung. Wir erleben Advent und denken im Gebet zugleich an das Opfer, das dieses kleine Kind Jesus letztendlich für uns gebracht hat.

Gebet: Nehmen Sie sich ein Stechpalmenblatt, halten Sie es in der Hand und beginnen Sie zu beten. Danken Sie für das Opfer, das Jesus für uns gebracht hat, oder stellen Sie sich aus Dankbarkeit dafür neu in den Dienst Gottes.

Schreiben Sie ein Gebet auf ihr Blatt und kleben Sie es als Zeichen dafür, dass Sie es an Gott abgeben, auf den Ring aus Pappe.

Gemeinsam mit anderen wird aus den einzelnen Blättern ein dekorativer Kranz aus Gebeten.

Weihnachtskugeln

Kerngedanken: Wir denken über das Geschenk der Erlösung nach und danken Gott dafür; wir suchen nach Wegen, um dieses Geschenk mit anderen zu teilen.

Biblischer Impuls: *Und wenn sie für euch beten, werden sie das voll Sehnsucht nach euch tun, weil Gott seine Gnade in so reichem Maß über euch ausgeschüttet hat. Dank sei Gott für das unbeschreiblich große Geschenk, das er uns gemacht hat!* 2. Korinther 9,14-15

Material:

- Einfarbige Weihnachtskugeln in verschiedenen Farben
- Wischfester Edding, zum Beschreiben der Kugeln
- Weihnachtsbaum, klein und ohne Dekoration

Denkanstoß: Lassen Sie auf sich wirken, welch ein wunderbares Geschenk die Erlösung ist, mit der Gott uns in Jesus gesegnet hat. Wie können Sie anderen diese Liebe zuteil werden lassen? Denken Sie in der Stille darüber nach.

Gebet: Wählen Sie eine Kugel aus. Formulieren Sie ein Dankgebet für das Geschenk der Erlösung oder die Bitte um die geistliche Fähigkeit, andere an dieser Erlösung teilhaben zu lassen. Schreiben Sie das Gebet auf die Kugel. Vielleicht möchten Sie auch nur ein einzelnes Wort mit anderen teilen, z. B. „Freude", „Hoffnung" oder „Frieden".

Hängen Sie Ihre Kugel an den Baum oder nehmen Sie sie mit nach Hause, um sie an Ihren eigenen Baum zu hängen. Sie ist Erinnerung und Symbol dafür, dass Sie Ihren Glauben für andere sichtbar machen möchten.

Das eigentliche Weihnachtsgeschenk

Kerngedanken: Wir denken darüber nach, was die Erlösung bedeutet, die uns an Weihnachten in Jesus geschenkt ist, und wie sie nicht nur unser Leben verändert, sondern das Leben aller, die dieses Geschenk empfangen.

Biblischer Impuls: *Denn wenn du mit Jesus Christus verbunden bist, bist du nicht mehr unter dem Gesetz der Sünde und des Todes; das Gesetz des Geistes, der lebendig macht, hat dich davon befreit.* Römer 8,2

Material:

- Kleine, leere Schachteln
- Herzen, ausgeschnitten aus rosa Papier oder Tonkarton, beschriftet mit „Gottes Liebe“ oder „Jesus“
- Geschenkpapier mit Weihnachtsmotiven
- Geschenkanhänger, nicht beschriftet
- Stifte
- Tesafilm
- Geschenkband (optional)
- Kleiner Weihnachtsbaum

Legen Sie ein Herz in jede der Schachteln, verpacken Sie dann jede Schachtel als Geschenk und versehen das Geschenk mit einem Geschenkanhänger. Legen Sie die Geschenke unter den Baum und die Stifte zum Schreiben bereit.

Denkanstoß: Schauen Sie sich die Geschenke unter dem Weihnachtsbaum an. Das eigentliche Geschenk ist die Erlösung. Sie ist uns nicht nur an Weihnachten geschenkt, sondern durch Jesus das ganze Jahr über.

Gebet: Suchen Sie sich eines der Geschenke unter dem Baum aus. Halten Sie es in der Hand, schauen Sie es an und spüren Sie dem Geschenk nach, das Gott Ihnen in Jesus gemacht hat. Was bedeutet es Ihnen? Bringen Sie Gott Ihren Dank und Ihr Lob.

Lenken Sie Ihre Gedanken auf einen Menschen in Ihrem Umfeld, dem Sie von dem Geschenk erzählen möchten. Schreiben Sie den Namen auf den Geschenkanhänger und beten Sie für diese Person.

Nehmen Sie das Geschenk mit, geben Sie es der Person und erzählen Sie ihr von dem eigentlichen Geschenk der Liebe Gottes. Alternativ können Sie es auch unter Ihren eigenen Weihnachtsbaum legen als Erinnerung daran, für diese Person zu beten.

Teil 4
Gemeinsam mit Gott unterwegs

Kapitel 13

Wir sind Teil des Leibes Christi

Hände – unser Abdruck in der Welt

Kerngedanken: Mithilfe von farbigen Handabdrücken versuchen wir herauszufinden, wie Gott uns als seine Hände gebrauchen kann, um sein Werk in unserer Welt zu tun; wir denken über die Hand Gottes nach, die uns in unserem Leben leitet.

Biblischer Impuls: *Es ist wie bei unserem Körper: Er besteht aus vielen Körperteilen, die einen einzigen Leib bilden und von denen doch jeder seine besondere Aufgabe hat. Genauso sind wir alle – wie viele und wie unterschiedlich wir auch sein mögen – durch unsere Verbindung mit Christus ein Leib, und wie die Glieder unseres Körpers sind wir einer auf den anderen angewiesen. Denn die Gaben, die Gott uns in seiner Gnade geschenkt hat, sind verschieden.* Römer 12,4-6

Material:

- Fingerfarben
- Plastiktabletts oder flache Schalen
- Großes Blatt Papier oder viele kleine Blätter
- Abwischbare Tischdecke
- Handtücher oder feuchte Lappen für die Hände
- Stifte

Denkanstoß: Unsere Handabdrücke sind genauso einzigartig wie unsere Talente und Gaben. Sie alle sind gottgegeben. Welche Talente und Gaben haben Sie und wie können Sie sie einsetzen, um Hand Gottes in der Welt zu sein?

Gebet: Tauchen Sie Ihre Hand in die Farbe und drücken Sie sie auf das Papier. Betrachten Sie Ihren ganz einzigartigen Abdruck und beginnen Sie zu beten. Sie können betend über Ihre Fähigkeiten nachdenken oder Gottes Handabdruck in Ihrem Leben nachspüren; oder Sie denken darüber nach, wie Sie anderen helfen können.

Säubern Sie Ihre Hand mithilfe des Handtuchs oder der Lappen, nehmen Sie sich einen Stift und schreiben Sie ein Gebet neben Ihren Handabdruck: Bitten Sie Gott, Ihre ganz besonderen Talente zu nutzen für die Herrlichkeit seines Reiches, oder danken Sie ihm dafür, dass Sie als seine Hand in der Welt wirken dürfen.

Füße – Abdrücke des Glaubens

Kerngedanken: Wir bringen durch eine körperliche Zeichenhandlung zum Ausdruck, dass wir mit Gott unterwegs sind; wir danken für all die Wege, auf denen er uns geführt hat, und für seine ständige Gegenwart an unserer Seite.

Biblischer Impuls: *Er stärkt und erfrischt meine Seele. Er führt mich auf rechten Wegen und verbürgt sich dafür mit seinem Namen.* Psalm 23,3

Material:

- Großes Stück Papier oder Pappe (z. B. die Rückseite eines langen Streifens Packpapier)
- Farbige Stifte oder Filzstifte
- Tesafilm

Legen Sie Papier oder Pappe auf den Boden und sorgen Sie dafür, dass es nicht verrutschen kann.

Denkanstoß: Wie verlief Ihr Glaubensweg bis hierher? Welche Wege hat Gott Ihnen gezeigt und welche unerwarteten Wendungen hat es gegeben? Haben Sie gespürt, dass er immer an Ihrer Seite war?

Gebet: Betrachten Sie Ihren Weg mit Gott im Gebet und gehen Sie, wenn Sie bereit sind, einige Schritte auf dem Papier. Malen Sie bei jedem Schritt den Umriss Ihres Fußes auf das Papier – Sie gehen Ihren ganz eigenen Weg. Schauen Sie betend zurück auf Ihre Abdrücke. Wenn Sie möchten, schreiben Sie ein Gebet in Ihre Fußabdrücke.

Bitten Sie Gott zum Schluss, Sie auch weiter zu leiten auf Ihrem Weg. Bitten Sie um seinen Beistand bei Ihrem Versuch, es ihm in der Welt gleichzutun.

Das Herz – für andere

Kerngedanken: Wir möchten erkennen, wo Gottes Herz für diese Welt schlägt; wir beten für all das, was Gott das Herz bricht, und bitten ihn darum, uns zu zeigen, wo wir als Teil des Leibes Christi handeln müssen.

Biblischer Impuls: *Jesus antwortete: „,Du sollst den Herrn, deinen Gott, lieben von ganzem Herzen, mit ganzer Hingabe und mit deinem ganzen Verstand!' Dies ist das größte und wichtigste Gebot. Ein zweites ist ebenso wichtig: ,Liebe deine Mitmenschen wie dich selbst!'"*

Matthäus 22,37-39

Material:

- Großes Stück Papier mit aufgemaltem Körper, an die Wand geheftet oder auf dem Boden liegend
- Haftnotizen in Herzform oder ausgeschnittene Herzen, aus rosafarbenem oder blassrotem Papier
- Kugelschreiber oder Bleistifte

Denkanstoß: Wie gelingt es Ihnen, ein Herz zu haben für andere und all das neu wahrzunehmen, was Gott das Herz bricht? – Denn wir können so viel davon entdecken im Handeln der Menschen und in der Welt, die uns umgibt.

Gebet: Nehmen Sie einen Haftnotizzettel oder ein Papierherz und schreiben darauf den Namen eines Menschen, für den Sie gerne da sein, oder einer Situation, in der Sie helfen möchten. Bitten Sie Gott, Ihnen die Orte und Ereignisse auf Ihr Herz zu legen, die sein Herz brechen, und bringen Sie all das im Gebet vor ihn.

Dann befestigen Sie Ihr Papierherz an dem aufgemalten Körper. Bitten Sie um Weisheit, damit Sie wissen, wie Sie handeln, beten und diejenigen unterstützen können, die Ihrer Hilfe bedürfen; fragen Sie danach, wie Sie Ihre ganz besondere Rolle im Leib Christi ausfüllen und das Herz Gottes noch besser kennenlernen können.

Augen – mit Gottes Augen sehen

Kerngedanken: Wir bitten um Gottes Hilfe, damit wir die Menschen und das, was uns in der Welt begegnet, mit seinen Augen der Liebe betrachten können.

Biblischer Impuls: *Ich richte meinen Blick empor zu den Bergen – woher wird Hilfe für mich kommen? Meine Hilfe kommt vom Herrn, der Himmel und Erde geschaffen hat.*

Psalm 121,1-2

Material:

- Fotos (oder eine digitale Diashow) von den verschiedenen Krisen in der Welt (Krieg, Hungersnöte und Naturkatastrophen) und als Kontrast Fotos von der Schönheit der Natur
- Laptop (falls Sie digitale Bilder zeigen)

Denkanstoß: Lassen Sie die Fotos oder die Diashow mit den Bildern von schöner Natur und Krisen in der Welt auf sich wirken. Nehmen Sie die Gegensätzlichkeit wahr, die Schönheit und Zerstörung, und versuchen Sie, die Situationen mit den Augen Gottes zu sehen.

Gebet: Beten Sie, bewegt durch die Bilder, für die Welt Gottes und die Menschen, die in ihr wohnen. Bringen Sie all die Länder und Nationen vor Gott, die sich gerade in einer besonderen Krise befinden oder die Ihnen aus einem anderen Grund auf dem Herzen liegen. Bitten Sie Gott, Ihnen die Augen zu öffnen für die Situationen, die oft unbemerkt vorübergehen und doch Leid und Angst auslösen.

Wenn Sie fertig sind und die Station verlassen, bitten Sie um Unterstützung dabei, die Welt auch weiterhin mit Gottes Augen zu sehen, weiter für sie zu beten und daran zu arbeiten, dass sie sich verändert.

Kapitel 14

Vergebung feiern

Abgewischt

Kerngedanken: Wir bitten um einen neuen Start mit Gott, um Vergebung, einen neuen Anfang und ein reines Herz.

Biblischer Impuls: *So fern, wie der Osten vom Westen ist, so weit schafft er unsere Vergehen von uns fort.*

Psalm 103,12

Material:

- Großes Whiteboard oder Tafel
- Whiteboardstifte oder Kreide
- Wischtuch

Denkanstoß: Welche Themen, Menschen oder Situationen stehen zwischen Gott und Ihnen? Denken Sie besonders über persönliche Angewohnheiten, Charakterzüge oder Beziehungen nach, die Sie daran hindern, ein Leben in Freiheit zu führen.

Gebet: Wenn Sie bereit sind, schreiben Sie auf das Whiteboard ein Bekenntnisgebet oder ein Wort oder malen Sie ein Bild von dem, was Gott in Ihrem Leben ausradieren soll. Möchten Sie ihm hartnäckig wiederholtes, falsches Verhalten bringen oder nicht hilfreiche Gewohnheiten, Unversöhnlichkeit, Verletzungen aus der Vergangenheit oder Wut?

Bringen Sie all das im Gebet vor Gott, indem Sie es beichten und bereuen. Bekräftigen Sie Ihren Wunsch nach Veränderung und geben Sie dann Ihr Gebet an Gott ab, indem Sie Worte oder Bilder mit dem Wischtuch vom Whiteboard entfernen.

Machen Sie sich bewusst, dass Gott genau das jedes Mal dann tut, wenn Sie etwas bereuen oder sich nach Veränderung Ihres Herzens oder Ihres Verstandes sehnen. Nicht einmal die kleinste Spur bleibt dann von unserer Sünde zurück. Wir können ganz neu anfangen. Gott verspricht, Ihnen zu vergeben, er bietet Ihnen eine sauber gewischte Tafel an.

Verlassen Sie die Station mit dem Wissen, dass Sie als freier Mensch in der Gnade der Vergebung leben und dass Gott Ihnen auch weiter zur Seite steht in Ihrem Prozess der Veränderung.

Weggewaschen

Kerngedanken: Wir nutzen Kieselsteine und Schwämme, um all das „wegzuwaschen“, was uns im Leben schadet und uns daran hindert, in Freiheit mit Gott unterwegs zu sein.

Biblischer Impuls: *Doch wenn wir unsere Sünden bekennen, erweist Gott sich als treu und gerecht: Er vergibt uns unsere Sünden und reinigt uns von allem Unrecht, das wir begangen haben.* 1. Johannes 1,9

Material:
- Kieselsteine oder Schwämme
- Wasserlösliche Stifte
- Schüssel mit Wasser (nicht zu voll)
- Wasserdichte Abdeckung für den Tisch

Denkanstoß: Gott verspricht, unsere Sünden wegzuwaschen und sich ihrer nicht mehr zu erinnern. Welche Gewohnheiten, Worte, Gefühle oder welches Handeln möchten Sie gerne beichten und an Gott abgeben?

Gebet: Schreiben Sie Bußworte oder -gebete auf einen der Schwämme oder Kieselsteine. Sie sollten dabei vor Gott so ehrlich sein, wie Sie können.

Bitten Sie im Gebet um einen „sauberen", neuen Start und die Kraft, sich immer wieder von Ihrem falschen Verhalten abzuwenden. Waschen Sie dabei Ihre Worte in der Wasserschüssel weg.

Nehmen Sie Ihren Gebetsgegenstand mit nach Hause. Er zeigt jetzt keine Spur mehr von den Worten, die Sie vor Gott gebracht haben. Legen Sie ihn an einen Ort, an dem er Sie daran erinnern kann, dass Gott uns dabei hilft, uns zu verändern und neu anzufangen.

In Fetzen gerissen

Kerngedanken: Mithilfe eines kleinen Aktenvernichters „schreddern“ wir all das zur Unkenntlichkeit, was Gott aus unserem Leben entfernen soll oder was wir mit seiner Hilfe überwinden wollen.

Biblischer Impuls: *„Wie gut hat es der, dem sein Ungehorsam gegen Gottes Gesetz vergeben ist und dessen Sünden zugedeckt sind! Wie gut hat es der, dem der Herr die Sünde nicht anrechnet!“* Römer 4,7-8

Material:

- Papier
- Stifte
- Kleiner Aktenvernichter

Denkanstoß: Gott möchte, dass wir all unsere Gebetsanliegen, unsere Verletzungen und unsere Sünden an ihn abgeben und sie bei ihm lassen. Wo ist Ihnen bewusst, dass Sie etwas zu bekennen und an Gott abzugeben haben, damit er es aus Ihrem Leben entfernt?

Gebet: Nehmen Sie sich ein Blatt Papier und schreiben Sie darauf eine Bitte um Vergebung oder Verhaltensweisen, Handlungen oder Gewohnheiten, die Sie mit Gottes Hilfe aufgeben möchten. Bitten Sie Gott während des Schreibens um seine Hilfe und seine Kraft.

Wenn Sie fertig sind, stecken Sie Ihr Papier sorgfältig in den Aktenvernichter als Zeichen dafür, dass Sie Ihr Gebet an Gott abgeben.

Machen Sie sich bewusst, dass Gott Ihnen vergeben hat und dass Sie die zerrissenen Papierstücke im Müll lassen können. Sie müssen Sie nicht mit nach Hause nehmen, sondern können alles, was Sie aufgeschrieben haben, bei ihm lassen und einfach davongehen.

Wir feiern die Erneuerung

Kerngedanken: Auf der Grundlage von Lukas 15,7 feiern wir unser erneuertes Verhältnis zu Gott; wir erinnern uns an die Zeit, als wir zum Glauben kamen, oder an einen Moment, in dem wir im Glauben einen entscheidenden Schritt vorangekommen sind – und wir freuen uns daran.

Biblischer Impuls: *„Ich sage euch: Genauso wird im Himmel mehr Freude sein über einen einzigen Sünder, der umkehrt, als über neunundneunzig Gerechte, die es nicht nötig haben umzukehren."* Lukas 15,7

Material:
- Snacks und Getränke (Kuchen, Fingerfood, Erfrischungsgetränke, Chips usw.)
- Tischdekoration (Konfetti, Girlanden, Knallbonbons, Wunderkerzen)
- Partyknaller
- Plastikteller und -becher und Papierservietten

Decken Sie den Tisch mit dem Plastikgeschirr und stellen Sie Snacks und Getränke dazu.

Denkanstoß: Die Bibel sagt, dass es im Himmel ein Fest gibt, wenn jemand zu Gott kommt und seine Sünden wirklich bereut. Versuchen Sie sich zu erinnern: Wann haben Sie Ihr Leben Gott übergeben, wann haben Sie neu einen Schritt auf Gott zu gemacht oder welche anderen besonderen Augenblicke fallen Ihnen ein?

Gebet: Nehmen Sie am gedeckten Tisch Platz und bedienen Sie sich bei Essen und Getränken. Sie können auch eine Wunderkerze anzünden. Nehmen Sie sich Zeit zum Feiern.

Während Sie es sich gut gehen lassen, danken Sie Gott dafür, dass er Sie erlöst und Ihnen neues Leben geschenkt hat. Machen Sie sich bewusst, dass er und der ganze Himmel sich ebenso freuen und mit Ihnen feiern. Bringen Sie all die Menschen in Ihrem Umfeld im Gebet vor Gott, bei denen ein solcher Schritt im Glauben noch aussteht.

Nehmen Sie sich einen Partyknaller mit, um sich daran zu erinnern, den Glauben zu feiern und die Freude mit anderen zu teilen. Vielleicht gibt es noch einmal die Gelegenheit, ihn bei einem weiteren Fest des Glaubens zu zünden.

Kapitel 15

Die Liebe Gottes

Er formt unsere Herzen

Kerngedanken: Mithilfe von Modelliermasse bitten wir Gott, unsere Herzen zu formen, uns zu den Menschen zu machen, die wir nach seinem Willen sein können, und unser Leben durch seine große Liebe zu uns zu verändern.

Biblischer Impuls: *Erschaffe in mir ein reines Herz, o Gott, und gib mir einen neuen, gefestigten Geist.* Psalm 51,12

Material:

- Modelliermasse in verschiedenen Farben (selbst gemacht oder gekauft), in kleine Portionen aufgeteilt
- Plastikbrett oder -matte
- Arbeitsutensilien wie Teigrolle, Plastikbesteck usw.
- Plastiktischdecke
- Kleine Plastiktüten (optional)

Denkanstoß: Weil Gott uns so sehr liebt, möchte er unsere Herzen formen und reinigen und uns zu den liebevollen Menschen machen, die wir nach seinem Willen sein sollen. Auf welche Weise soll Gott Ihr Herz formen und Sie verändern?

Gebet: Nehmen Sie sich einen Klumpen Modelliermasse, kneten Sie ihn in der Hand weich und bringen Sie dabei die Bereiche Ihres Herzens vor Gott, die seiner reinigenden Liebe bedürfen. Nehmen Sie auch all das in Ihr Gebet hinein, was Ihr Herz berührt und belastet: Liebe, Hoffnungen, Ängste und Leid. Formen Sie während des Betens ihren Teigklumpen zu einem Herz.

Schauen Sie sich Ihr „Herz" an. Vielleicht hat es immer noch unebene Stellen, ist noch nicht ganz glatt und weich, aber das muss Sie nicht belasten. Sie können es jederzeit weiter formen, so lange, bis Sie zufrieden sind. Bitten Sie Gott darum, dass er mit seiner reinigenden Liebe genauso geduldig an Ihrem Herzen arbeitet.

Nehmen Sie Ihr Herz mit nach Hause, um sich an Gottes wunderbare Liebe und seine verändernde Kraft erinnern zu lassen.

Seine Liebe sprengt alle Grenzen

Kerngedanken: Wir möchten erkennen, dass Gottes Liebe für uns weit über unser Verstehen hinausgeht, dass sie alle Grenzen sprengt und größer ist, als wir es uns jemals vorstellen können.

Biblischer Impuls: *Halleluja! Dankt dem Herrn, denn er ist gütig, und seine Gnade [in englischen Übersetzungen: Liebe; Anm. d. Übers.] bleibt für alle Zeiten bestehen!*

Psalm 106,1

Material:

- DIN-A4-Papier oder -Karton, unterteilt in vier rechteckige Felder
- Stifte oder Filzstifte

Denkanstoß: Schauen Sie sich die leeren Felder auf dem Papier an und lenken Sie Ihre Gedanken auf die unermessliche Liebe Gottes. Machen Sie sich bewusst, dass sie alle Grenzen sprengt.

Gebet: Beginnen Sie mit dem ersten Feld oben links und schreiben oder malen Sie, wo Sie die Liebe Gottes bereits an andere weitergeben.

In das Feld daneben schreiben oder malen Sie als ein Dankgebet, wo Gott Ihnen ganz persönlich seine Liebe zeigt.

Im dritten Feld beginnen Sie, Ihre Gedanken auszuweiten. Fragen Sie im Gebet danach, wie Sie die Grenzen Ihrer Komfortzone oder des „Feldes" überschreiten und anderen die Liebe Gottes auf ganz neue und andere Weise zeigen können.

Lassen Sie das vierte Feld leer. Es soll zu einem späteren Zeitpunkt gefüllt werden, wenn Sie sich noch einmal mit Ihren Gebeten und Einträgen in den anderen drei Feldern befassen. Füllen Sie es dann mit Dankgebeten und Erlebnissen, erzählen sie, wo es Ihnen mit Gottes Hilfe gelungen ist, in seinem Namen und mit dem liebevollen Blick Christi für andere über Ihre Grenzen hinaus zu denken und zu handeln.

Bringen Sie den Inhalt jedes Feldes im Gebet vor Gott, bevor Sie gehen und Ihr Blatt mitnehmen. Nehmen Sie sich vor, mit Gottes Hilfe im Glauben daran zu arbeiten, andere zu lieben mit einer Liebe, die alle Grenzen sprengt.

Seine Liebe ist süß

Kerngedanken: Herzförmige Plätzchen helfen uns dabei, uns bewusst zu machen, dass Gottes Liebe unserem Leben Süße geben kann; wir bitten Gott um seine Hilfe, damit wir seine Liebe an andere weitergeben können.

Biblischer Impuls: *Erfahrt es selbst und seht mit eigenen Augen, dass der Herr gütig ist! Glücklich zu preisen ist, wer bei ihm Zuflucht sucht.* Psalm 34,8

Material:

- Herzförmige Plätzchen, gekauft oder selbst gemacht
- Puderzucker, mit Wasser vermischt, als Glasur
- Schüsseln
- Backdekoration (Streusel, Dekokonfetti, Schokotröpfchen usw.)
- Zuckerschrift

Denkanstoß: Gottes Liebe ist etwas Wunderbares. Die Bibel sagt, seine Worte sind süßer als Honig: „Deine Zusagen sind für mich wie Gaumenfreuden, ja, sie sind süßer noch als Honig!“ (Psalm 119,103)

Preisen Sie Gott für seine wunderbare Liebe. Machen Sie sich bewusst, wie viel er für Sie getan hat und wo er Ihrem Leben Süße geben kann, so wie die Plätzchen, die Sie vor sich liegen haben.

Gebet: Preisen Sie Gott für seine Liebe und die Zusagen, die er in der Bibel gegeben hat. Formulieren Sie diese Gedanken als Gebet, während Sie ein herzförmiges Plätzchen mit einer Glasur versehen und mit Backdekoration verzieren. Gottes Liebe und Treue ist süß.

Vielleicht möchten Sie mit Zuckerschrift ein Wort der Ermutigung auf Ihr Plätzchen schreiben, etwa „Liebe“ oder „Freude“, oder den Namen eines Menschen, an den Sie die Liebe Gottes weitergeben möchten.

Bleiben Sie im Gebet, während Sie Ihr Plätzchen essen und die Liebe Gottes auf sich wirken lassen, oder geben Sie das Plätzchen weiter als Zeichen dafür, dass Sie seine Liebe mit jemandem teilen möchten.

Seine Liebe ist stärker als Papier

Kerngedanken: Wir bringen Gott unsere Herzen und unser ganzes Leben, mit all seinen Schwächen; wir bitten um seine Kraft und wollen uns seinem Herzen in gehorsamem Vertrauen nähern.

Biblischer Impuls: *Vertraue dem HERRN von ganzem Herzen und verlass dich nicht auf dein eigenes Urteilsvermögen.* Sprüche 3,5

Material:

- Großes Herz (DIN A4 oder größer), ausgeschnitten aus dunkelrotem Tonkarton
- Kleine Herzen aus rosafarbenem oder blassrotem Papier oder herzförmige Haftnotizen
- Klebepads
- Herzsticker
- Stifte

Denkanstoß: Gottes Liebe ist nicht wie Papier, das man zerreißen kann, sondern stark und unerschütterlich. Sie dürfen wissen und glauben, dass nichts die Liebe Gottes für Sie verringern kann, ganz gleich, was Sie tun. Wo in Ihrem Leben hat Gott Ihnen diese bedingungslose Liebe und Zuwendung gezeigt?

Gebet: Nehmen Sie sich eines der kleinen Papierherzen und schreiben Sie auf, wo Gottes Liebe in Ihrem Leben sichtbar geworden ist; oder schreiben Sie ein Gebet für Menschen, die Sie lieben.

Kleben Sie das Herz auf das große Pappherz als Zeichen dafür, dass Sie Ihr „Herz" ganz neu an Gott abgeben. Ihr mit Nachdruck aufgeklebtes Herz kann auch als Bekräftigung dafür dienen, wie ungeheuer stark und bedingungslos Gottes Liebe ist.

Zur Bestätigung lassen Sie Ihr Papierherz mit dem „Herz" Gottes verbunden zurück und nehmen sich einen kleinen Herzsticker mit. Sie können ihn an einem Kleidungsstück befestigen oder an einem anderen Ort, auf den Ihr Blick regelmäßig fällt. Er soll daran erinnern, dass Sie Gott von ganzem Herzen vertrauen können.

Kapitel 16

Beten für Stadt und Welt

Gebets-Häuser

Kerngedanken: Wir machen Gemeinschaft sichtbar und lassen uns davon inspirieren, für unsere Stadt/unseren Stadtteil, die dazugehörigen Geschäfte, Organisationen und Vereine und die Menschen zu beten.

Biblischer Impuls: *Jeder von uns soll auf den anderen Rücksicht nehmen und danach fragen, was gut für ihn ist und was ihm im Glauben weiterhilft.* Römer 15,2

Material:

- Kleine Häuser, ausgeschnitten aus weißem oder hellbraunem Tonkarton
- Großes Blatt Papier oder Pappe, mindestens von der Größe eines Flipcharts
- Filzstifte oder Eddings
- Kugelschreiber
- Klebepads

Malen Sie mit Edding Straßen auf das große Stück Papier. Sie sollten so groß sein, dass man die kleinen Häuser passend aufkleben kann. Fügen Sie wichtige Gebäude oder Orte Ihrer Stadt/Ihres Stadtteils ein, z. B. Park, Schule, Kirche usw.

Denkanstoß: Wir sind von Gott berufen, das Licht seiner Gnade in unserem Leben leuchten zu lassen und seine Liebe an andere weiterzugeben. Schauen Sie sich den Plan mit den Gebäuden und dem Park an. Wie können Sie in Ihrer Stadt/Ihrem Stadtteil etwas für Gott bewirken?

Gebet: Beten Sie mit einem der kleinen Häuser in der Hand für Ihre Stadt/Ihren Stadtteil. Bitten Sie Gott um seine Hilfe, damit er Ihr Zuhause und Ihr Leben als Ort seiner Liebe strahlen lässt.

Vielleicht möchten Sie ein Gebet auf Ihr kleines Haus schreiben, für eine bestimmte Person aus Ihrer Nachbarschaft beten oder für einen Bereich in Ihrem Umfeld. Bringen Sie die Geschäfte, die Schulen, die Kirche und die Spielplätze im Gebet vor Gott und versuchen Sie, seine Liebe an die Anwohner weiterzugeben.

Kleben Sie während des Betens Ihr Haus mit einem Klebepad auf die gemalte Karte, um zu zeigen, dass Sie Teil der Gemeinschaft sind. Nehmen Sie sich Zeit, um das Bild als Ganzes wahrzunehmen, und beten Sie für die Teile der Gemeinschaft, in denen die Liebe Gottes am nötigsten ist. Fragen Sie Gott, was Sie dort tun können.

Stadt-Collage

Kerngedanken: Eine Collage aus Artikeln, Wörtern und Bildern aus Zeitungen und Zeitschriften unterstützt unser Gebet und unsere Reflexion; wir nehmen die Bedürfnisse der Welt und unseres unmittelbaren Umfeldes neu wahr.

Biblischer Impuls: *Dankt dem Herrn, ruft seinen Namen laut aus, macht unter den Völkern seine großen Taten bekannt!* Psalm 105,1

Material:

- Zeitungen und alte Zeitschriften
- Papier
- Scheren
- Klebestifte
- Filzstifte

Denkanstoß: Zeitungen, Zeitschriften und Fernsehen sind voll von sowohl positiven als auch negativen Geschichten, Ereignissen und Berichten. Schauen Sie sich das vorhandene Material eine Weile an und lassen Sie auf sich wirken, was in der Welt passiert und welche Bedürfnisse die Menschen haben. Was hat die gute Nachricht von unserer Erlösung durch Jesus Christus mit der Situation in der Welt zu tun?

Gebet: Stellen Sie innerlich betend das vorhandene Material zu einer Collage zusammen. Benutzen Sie Ausschnitte von Nachrichten (lokal und international), Fotos, einzelne Wörter und auch Cartoons.

Bringen Sie Ihr lokales Umfeld und die Welt beim Arbeiten an der Collage vor Gott. Schneiden und kleben Sie Bilder und Artikel, die sowohl die Schwierigkeiten als auch die guten Nachrichten aus Ihrem Umfeld und der Welt zum Ausdruck bringen.

Nehmen Sie sich Zeit zum Beten und bringen Sie die Bilder in Verbindung zu der guten Nachricht von der Erlösung. Lassen Sie sich daran erinnern, wie wichtig es ist, sie weiterzuerzählen. Sprechen Sie ein Dankgebet und bitten Sie Gott um seinen Segen für Ihren Stadtteil und die Welt.

Die Collage kann als ständige Erinnerung zum Beispiel im Schaukasten der Gemeinde aufgehängt werden, damit wir nicht vergessen zu beten und Gott zu loben und zu preisen.

Papierketten-Menschen

Kerngedanken: Wir basteln Papierketten-Menschen und bringen die Menschen aus unserer Stadt/unserem Stadtteil vor Gott.

Biblischer Impuls: *Darum will ich dich preisen vor den Völkern, Herr; zum Ruhm deines Namens will ich dir Loblieder singen.* Psalm 18,50

Material:

- Papierketten-Menschen, ausgeschnitten (oder Papier und Scheren, um sie selbst auszuschneiden)
- Tesafilm
- Bleistifte
- Filzstifte oder Kreide
- Klebestifte und Dekoartikel (optional)

Denkanstoß: Welche Menschen in Ihrem lokalen Umfeld oder Ihrem Bekanntenkreis würden Sie gerne im Gebet vor Gott bringen? Was braucht Ihre Stadt/Ihr Stadtteil als Ganzes?

Gebet: Nehmen Sie eine der Papierketten und geben Sie den Menschen Gesichter und Kleidung, während Sie beten. Vielleicht möchten Sie einzelne Wörter als Gebet für bestimmte Menschen aus Ihrem Bekanntenkreis hinzufügen oder auch für die Stadt/den Stadtteil als Ganzes.

Wenn Sie fertig sind, verbinden Sie Ihre Kette mithilfe von Tesafilm mit den Ketten, die andere gemacht haben. So entsteht als Symbol für die Menschen in Ihrer Stadt eine lange Menschenkette.

Hängen Sie die miteinander verbundenen Papierketten-Menschen auf als Erinnerung daran, für Ihr Umfeld zu beten. Bitten Sie Gott, Ihnen zu zeigen, was Sie tun können, um anderen zu helfen.

Gebets-Spaziergang

Kerngedanken: Wir wandern durch die Stadt/den Stadtteil, in den Gott uns gestellt hat, oder begeben uns mithilfe visueller Mittel auf einen imaginären Spaziergang; wir beten die Liebe Gottes hinein in die Straßen, Häuser und zerbrochenen Leben, die wir um uns herum wahrnehmen.

Biblischer Impuls: *Singt dem Herrn, der auf dem Berg Zion wohnt, eure Lieder, verkündet unter allen Völkern seine großen Taten!* Psalm 9,12

Material:
Wenn Sie keinen Spaziergang durch die Stadt machen können, legen Sie Fotos oder Karten vom Stadtteil – von seinen Gebäuden, Straßen und Plätzen – aus und fügen Sie Prospekte oder Websites von lokalen Geschäften und Unternehmen, Kirchen und kommunalen Gruppen hinzu. Die Websites können ausgedruckt oder auf einem Bildschirm zu sehen sein.

Denkanstoß: Lenken Sie Ihre Gedanken auf das Umfeld, in dem Sie leben. Lassen Sie vor Ihrem inneren Auge die Menschen in ihrem Zuhause, die Gebäude und die Parks vorbeiziehen. In welchen Bereichen Ihrer Gemeinde wird die Liebe Gottes besonders gebraucht?

Gebet: Wandern Sie allein oder in Gruppen betend durch Ihre Stadt/Ihren Stadtteil oder nutzen Sie zum Beten die visuellen Hilfen.

Betrachten Sie Ihr Umfeld mit neuem Blick und versuchen Sie, es mit den Augen Gottes zu sehen. In welchen Gegenden ist Gebet oder praktische Hilfe am nötigsten? Nehmen Sie das, was Sie sehen und hören, als Inspiration, um in Ruhe für Sicherheit, Verbrechensprävention, Gesundheit und geistliches Wohlbefinden Ihres lokalen Umfeldes zu beten. Legen Sie Orte und Menschen ganz bewusst in Gottes Hände.

Bitten Sie um Gottes Hilfe dabei, so in der Welt unterwegs zu sein, wie Jesus es war: Er hat gebetet und gehandelt und ist immer dort hingegangen, wo die Menschen der verändernden Berührung der Liebe Gottes am meisten bedurften.

Beten Sie für die gebrochenen Orte und Menschenleben, die ungesehen bleiben im Stadtteil, und bitten Sie Gott um seine Gegenwart gerade an diesen Orten und im Leben dieser Menschen.

Teil 5
Persönlich mit Gott unterwegs

Kapitel 17

Es geht um Sie!

Liebesbriefe an Gott

Kerngedanken: Wir erzählen Gott in Form eines Briefes von unseren Hoffnungen und Ängsten, unserer Dankbarkeit und Freude.

Biblischer Impuls: *Macht euch um nichts Sorgen! Wendet euch vielmehr in jeder Lage mit Bitten und Flehen und voll Dankbarkeit an Gott und bringt eure Anliegen vor ihn.*

Philipper 4,6

Material:

- Verschiedenes Briefpapier (Papier oder Karten und Briefumschläge)
- Stifte zum Schreiben in verschiedenen Farben

Denkanstoß: Wie oft schreiben Sie Freunden oder Verwandten eine Nachricht oder eine E-Mail oder rufen an? Haben Sie auch schon einmal daran gedacht, eine Karte mit einem „Danke“ oder „Ich mag dich sehr“ zu schicken? Mögen Sie es, Briefe oder E-Mails zu bekommen? Im Zeitalter der schnellen Kommunikation vergisst man leicht, im Gebet Kontakt zu Gott aufzunehmen. Nehmen Sie sich jetzt Zeit, um einen Brief zu schreiben und auf ganz altmodische Weise mit Gott zu reden.

Gebet: Schreiben Sie Ihr Gebet an Gott auf, als würden Sie einen Brief an einen Freund, eine Freundin oder einen lieben Menschen schreiben. Vielleicht möchten Sie „Danke“ sagen oder „Es tut mir leid“ oder auch „Ich mag dich sehr“. Vielleicht möchten Sie Gott aber einfach nur erzählen, was es Neues gibt in Ihrem Leben; er freut sich, von Ihnen zu hören.

Wenn Sie fertig sind, stecken Sie den Brief in den Umschlag, kleben ihn aber nicht zu. Nehmen Sie ihn mit nach Hause und schreiben Sie bei Gelegenheit weitere Briefe. Vielleicht ist es gut, die Briefe nach einer Weile noch einmal zu lesen, um sich daran zu erinnern, welche der Gebete erhört wurden.

Helden und Heldinnen

Kerngedanken: Wir danken für Menschen, die für die Entwicklung unseres Glaubens wichtig waren; wir entdecken, dass auch wir die Fähigkeit haben, für andere ein Vorbild, ein Held oder eine Heldin zu sein.

Biblischer Impuls: *Lass dir die gesunde Botschaft, die du von mir gehört hast, als Maßstab für deine eigene Verkündigung dienen, und tritt für sie mit dem Glauben und der Liebe ein, die uns durch Jesus Christus geschenkt sind.*

2. Timotheus 1,13

Material:

- Schokoladenstückchen oder Süßigkeiten, einzeln verpackt, in einer Schüssel

Denkanstoß: Gibt es in Ihrem geistlichen Leben einen Helden oder eine Heldin – einen Menschen, der mit seinen Worten oder seinem Handeln etwas in Bewegung gesetzt hat? Ein einfaches Wort der Ermutigung, eine Predigt, ein Denkanstoß oder ein Gebet können zu großen Meilensteinen auf dem Weg des christlichen Glaubens werden.

Vielleicht sind auch Sie für jemand anders ein Held oder eine Heldin (auch wenn Sie selbst sich nicht besonders „toll" fühlen). Vielleicht haben Sie durch etwas, was Sie gesagt oder getan haben – und mag es noch so unbedeutend gewesen sein –, einen Samen des Glaubens in das Herz eines anderen gesät und sein Leben verändert; das macht Sie zum Helden. Sie sollten nicht unterschätzen, was Sie für andere und für Gott tun können.

Gebet: Bedienen Sie sich an den Süßigkeiten. Während Sie den Geschmack genießen, bringen Sie Ihre Gebete zu Gott. Suchen Sie aus, was zu Ihnen passt.

- Danken Sie Gott für die „Helden und Heldinnen" in Ihrem Glauben, nennen Sie ihm ihre Namen.
- Bitten Sie Gott um Worte und Fähigkeiten, durch die Sie im Leben anderer etwas bewirken können.
- Beten Sie für Menschen aus Ihrem Umfeld, die vielleicht einen Helden oder eine Heldin brauchen – ein Vorbild, das ihnen hilft, Jesus als ihren Erlöser kennenzulernen, und sie dazu ermutigt, in der Nachfolge zu wachsen. Vergessen Sie dabei keinen Bereich Ihres Lebens.

Glaubensperlen

Kerngedanken: Wir nutzen bunte Perlen, um über die Kernbotschaften des Evangeliums nachzudenken; wir reflektieren sie im Gebet und denken über ihre Bedeutung für unser Leben nach.

Biblischer Impuls: ... *und dass sie für gerecht erklärt werden, beruht auf seiner Gnade. Es ist sein freies Geschenk aufgrund der Erlösung durch Jesus Christus.* Römer 3,24

Material:

- Sortierte bunte Perlen (aus Holz oder Plastik) in lila, schwarz, rot, weiß oder durchsichtig, blau und grün
- Dünnes Gummiband oder Faden, auf Armbandlänge geschnitten und mit einem Knoten an einem Ende
- Schale oder Tablett (oder kleine Schalen mit jeweils einer Farbe)
- Kleine Kärtchen mit einer Liste der Kernbotschaften des Evangeliums, denen die einzelnen Farben zugeordnet sind:
  - Lila: steht für die Herrlichkeit Gottes
  - Schwarz: steht für die Sünde der Welt, für die Gott Jesus in die Welt gesandt hat
  - Rot: steht für das Opfer Jesu, der sein Blut für uns vergossen hat
  - Weiß oder durchsichtig: steht für ein reines Herz, das von Gott erneuert ist
  - Blau: steht für den Heiligen Geist, Gottes Geschenk an uns
  - Grün: steht für unser Wachstum im Glauben an Jesus Christus

Denkanstoß: Welche der Kernbotschaften des Evangeliums sind Ihnen geläufig? Denken Sie über die Liebe und Gnade Gottes nach, über das Opfer, das Jesus gebracht hat, und über die Zuversicht, die daraus erwächst, ihn als den Erlöser an Ihrer Seite zu wissen. Beschäftigen Sie sich auch mit den anderen Kernbotschaften und nehmen Sie sich dazu Zeit.

Gebet: Fädeln Sie je eine Perle jeder Farbe auf das Gummiband oder den Faden und machen Sie daraus ein Armband oder ein Lesezeichen. Lesen Sie beim Auffädeln, wofür die jeweilige Farbe steht, und bringen Sie im Gebet Ihren Dank, Ihre Anliegen, die Bitte um Vergebung oder einfach Ihre Freude über diese Kernbotschaften vor Gott.

Wenn Sie fertig sind, knoten Sie das Band am anderen Ende zu, um es als Armband oder Lesezeichen benutzen zu können.

Zum weiteren Nachdenken nehmen Sie Ihr Armband oder Lesezeichen und eines der Kärtchen mit der Liste der Kernbotschaften mit nach Hause. Sie können das Lesezeichen in Ihre Bibel legen, in Ihr Gebetstagebuch oder in das Buch, das Sie gerade lesen; das Armband können Sie als Erinnerung tragen.

Fingerabdrücke

Kerngedanken: Anhand unserer einzigartigen Fingerabdrücke denken wir darüber nach, wie einzigartig uns Gott gemacht hat.

Biblischer Impuls: *Und bei euch sind sogar die Haare auf dem Kopf alle gezählt. Seid darum ohne Furcht! Ihr seid mehr wert als eine noch so große Menge Spatzen. Wer sich vor den Menschen zu mir bekennt, zu dem werde auch ich mich vor meinem Vater im Himmel bekennen.*

Matthäus 10,30-32

Material:

- Großes Kreuz, ausgeschnitten aus Tonkarton
- Kleine Kreuze
- Stempelkissen
- Tücher zum Abwischen der Hände

Denkanstoß: Sie sind eine einzigartige Schöpfung Gottes, mit ganz eigenen Gaben und Schwierigkeiten, mit einer eigenen Persönlichkeit und eigenen Stärken. So wie auch Ihr Fingerabdruck einzigartig ist, gibt es keinen anderen Menschen, der ganz genauso ist wie Sie. Sie spielen eine unverwechselbare Rolle in dem, was Gott vorhat.

Gebet: Besinnen Sie sich im Gebet auf Ihre Gaben und all das, was Sie einzigartig und besonders macht. Bringen Sie Gott Ihren Dank dafür und bitten Sie ihn um Hilfe in den Bereichen Ihres Lebens, an denen Sie Ihrer Ansicht nach noch arbeiten müssen.

Pressen Sie während des Betens Ihren Finger auf das Stempelkissen und hinterlassen Sie Ihren einzigartigen Fingerabdruck auf dem großen Kreuz.

Schauen Sie sich die Abdrücke anderer an und danken Sie Gott für die Vielfalt. Machen Sie auch einen Abdruck auf eines der kleinen Kreuze. Nehmen Sie es mit als Erinnerung daran, dass Gottes Absichten für Sie ganz auf Sie und Ihre Gaben abgestimmt sind: Nur Sie allein können Sie in die Tat umsetzen.

Kapitel 18

Beten mit unseren Sinnen

Fühlen

Kerngedanken: Wir nutzen Modelliermasse und unseren Tastsinn, um Gott zu bitten, unser Leben durch seine Berührung zu formen; wir danken für seine Gegenwart.

Biblischer Impuls: *Der Herr aber helfe euch, euer Denken und Wollen ganz an Gottes Liebe auszurichten, und mache euch standhaft, wie er selbst, Christus, standhaft war.*

2. Thessalonicher 3,5

Material:

- Farbige Modelliermasse (selbst gemacht oder gekauft), in kleine Portionen aufgeteilt
- Plastiktischsets oder abwischbare Bretter
- Modellierwerkzeug (Teigrollen, Plastikbesteck und Cocktailspieße)

Denkanstoß: Wo haben Sie Gott in Ihrem Leben entdecken können? Wo hat er Ihnen dabei geholfen, Ihr Leben zu verändern? Wann und wo haben Sie seine Nähe und heilende Berührung gespürt?

Gebet: Nehmen Sie eine Portion Modelliermasse und kneten Sie sie in Ihren warmen Händen weich. Danken Sie Gott dafür, dass er uns durch seine Fürsorge und Barmherzigkeit sanft leitet und formt.

Vielleicht möchten Sie sich bei der Wahl der Knetmasse davon leiten lassen, welche Farbe für Sie eine Bedeutung hat – zum Beispiel Grün als Symbol für Hoffnung und neues Leben.

Formen Sie aus der Knetmasse, was immer Sie möchten, und bitten Sie Gott dabei, Sie auf ganz besondere Art und Weise zu formen und zu verändern. Vielleicht möchten Sie ihm für Situationen danken, in denen er Sie gehalten oder geheilt hat oder in denen er Ihnen oder Menschen aus Ihrem Umfeld nahe war.

Schmecken

Kerngedanken: Wir denken darüber nach, wo in unserem Leben wir Gottes Gnade und Fürsorge erlebt haben; wir nehmen wahr, dass er sowohl in guten „süßen" Zeiten da ist als auch in schlechten „sauren"; wir nutzen unseren Geschmackssinn, um das, was er uns schenkt, zu „schmecken".

Biblischer Impuls: *Deine Zusagen sind für mich wie Gaumenfreuden, ja, sie sind süßer noch als Honig!*

Psalm 119,103

Material:

- Verschiedene Süßigkeiten, Pralinen und saure Bonbons in verschiedenen Schalen

Denkanstoß: In unserem Leben als Mensch und als Christ erleben wir Augenblicke der Freude und schwierige Zeiten, und wir sammeln kostbare Erinnerungen. Wo in Ihrem Leben haben Sie solche Augenblicke erlebt? Nutzen Sie den Geschmack der verschiedenen Süßigkeiten, um sich in Ihrem Gebet leiten zu lassen.

Gebet: Genießen Sie die bereitgestellten Süßigkeiten und nutzen Sie die Gebetsimpulse, um sich in Ihren Gedanken und Gebeten leiten zu lassen.

- Süßigkeiten: Dank an Gott für all das Gute, „Süße", das er Ihnen geschenkt hat.
- Saure Bonbons: Dank an Gott für seine Hilfe in schwierigen „sauren" Zeiten oder Bitte um Hilfe in gegenwärtig schwierigen Situationen, in denen Sie oder jemand aus Ihrem Umfeld sich befinden.
- Pralinen: Dank an Gott für kostbare Erinnerungen und Zeiten, die Sie „auf der Zunge zergehen" lassen möchten.

Riechen

Kerngedanken: Wir rufen uns mithilfe der bereitgestellten Parfüms und Aftershaves Erinnerungen ins Gedächtnis und danken Gott für seinen Heiligen Geist, der uns wie ein süßes Parfüm umgibt.

Biblischer Impuls: *Denn wir sind für Gott ein Wohlgeruch Christi unter denen, die gerettet werden, und unter denen, die verloren werden.* 2. Korinther 2,15

Material:

- Fläschchen mit Parfüm und Aftershave (ideal sind Miniaturfläschchen, kleine Tester oder Proben)

Vergewissern Sie sich, dass die Deckel fest verschlossen, aber leicht zu öffnen sind.

Denkanstoß: Gerüche können Erinnerungen anstoßen. Die Bibel vergleicht Gottes ständige Gegenwart mit einem Parfüm, das uns umgibt. Wo ist Gott in Ihrem Leben gegenwärtig und wo können Sie der „Wohlgeruch Christi“ (2. Korinther 2,15) für die Menschen in Ihrem Umfeld sein?

Gebet: Schnuppern Sie an den Düften und danken Sie für den Wohlgeruch, für kostbare Erinnerungen und für Gottes tagtägliche Gegenwart in Ihrem Leben.

Wenn Ihnen ein Duft nicht gefällt, nutzen Sie dies, um im Gebet an Schwierigkeiten und unangenehme Situationen zu denken, in denen Sie oder jemand aus Ihrem Umfeld Gottes Liebe und Trost brauchen.

Sprühen Sie ein wenig von dem Duft, der Ihnen am besten gefällt, auf Ihr Handgelenk. Er wird Sie während des Tages an die Gegenwart Gottes erinnern. Er ist immer bei Ihnen.

Hören und sehen

Kerngedanken: Wir nutzen Medien (Bilder und Musik) als Inspiration für unser Gebet; wir nehmen die von Gott geschaffene Welt ganz neu und mit Dankbarkeit wahr; wir loben und preisen ihn mit Bildern, Musik und Worten.

Biblischer Impuls: *Ich habe den Herrn stets vor Augen. Weil er mir zur Seite steht, werde ich nicht zu Fall kommen.* Psalm 16,8

Material:

- Bilder von Gottes Schöpfung, von Natur, Tieren oder Landschaften (ausgeschnitten aus Zeitschriften oder aus dem Internet)
- Laptop oder Tafel, um die Bilder zu zeigen
- CDs oder MP3-Dateien mit Anbetungsmusik (verschiedene Stile und Interpreten)
- CD-Player oder MP3-Player
- Bequeme Stühle oder Sitzsäcke
- Kopfhörer

Legen Sie die Bilder auf einem Tisch aus oder installieren Sie eine durchlaufende Diashow auf einem Laptop oder einem anderen Medium.

Denkanstoß: Lassen Sie die Wunder der Schöpfung und die biblischen Botschaften und Wahrheiten aus den Anbetungsliedern auf sich wirken. Vielleicht möchten Sie einfach zuhören und die Bilder betrachten und dabei eine Zeit lang in der Gegenwart Gottes zur Ruhe kommen.

Gebet: Setzen Sie sich bequem zurecht und erlauben Sie den Bildern und der Musik, Sie in Ihren Gedanken und Gebeten zu leiten, während Sie sich Gott zuwenden.

Geben Sie beim Anschauen der Bilder Ihrer Dankbarkeit und Ehrfurcht gegenüber Gott Raum, der diese Welt erschaffen hat. Vielleicht möchten Sie für bestimmte Aspekte der Schöpfung danken oder für die Teile von Gottes Welt beten, die unter Not leiden und von Unruhen erschüttert sind – gleich ob naturbedingt oder von Menschen gemacht.

Setzen Sie einen Kopfhörer auf und suchen Sie ein lieb gewonnenes Anbetungslied – oder lernen Sie ein neues kennen. Verbringen Sie eine Weile im stillen Gebet und im Lobpreis Gottes, während Sie auf die Worte der Lieder hören.

Kapitel 19

Sie sind einzigartig

Ihr Lächeln

Kerngedanken: Wir danken für die Freude Gottes in unserem Leben; wir denken darüber nach, was uns einzigartig macht und zum Lächeln bringt.

Biblischer Impuls: *Freut euch, was auch immer geschieht; freut euch darüber, dass ihr mit dem Herrn verbunden seid! Und noch einmal sage ich: Freut euch!*

Philipper 4,4

Material:

- Bilder von lächelnden Menschen (verschiedener Altersstufen und Nationalitäten) – und wenn Sie möchten einige lustige Tierbilder
- Lächelnde Smiley-Sticker

Denkanstoß: Nichts kommt einem Lächeln gleich: Jeder lächelt und lacht auf ganz einzigartige Weise, kein anderer lächelt so, wie Sie es tun. Was bringt Sie zum Lächeln? Was, meinen Sie, bringt Gott zum Lächeln?

Gebet: Schauen Sie sich die Bilder an und freuen Sie sich an all dem, was Sie zum Lächeln bringt – an dem, was Gott Ihnen schenkt, und an den Menschen, mit denen Sie glückliche Momente verbringen. Nehmen Sie sich Zeit, um Gott dafür zu danken.

Beten Sie für die Menschen, denen im Augenblick kein Lächeln ins Gesicht geschrieben ist (Sie eingeschlossen, wenn dies der Fall sein sollte). Bitten Sie Gott darum, Ihnen zu zeigen, wie Sie Ihr Lächeln dazu nutzen können, um seine Liebe in die Welt zu tragen.

Nehmen Sie sich einen lächelnden Smiley-Sticker mit. Kleben Sie ihn zu Hause auf und lassen Sie sich daran erinnern, dass Gott auch in schwierigen Zeiten bei Ihnen ist und Ihnen all das schenkt, was Sie in seinen Augen zu einem einzigartigen und wunderbaren Menschen macht.

Meisterwerk

Kerngedanken: Wir machen uns bewusst, dass wir in den Augen Gottes, unseres Schöpfers, wahre Meisterwerke sind; wir betrachten und beten für die Bereiche unseres Lebens, die der Korrektur bedürfen; wir versuchen uns so angenommen zu wissen, wie es nur bei Gott möglich ist.

Biblischer Impuls: *„Bringt meine Söhne und Töchter auch aus den fernsten Winkeln der Erde zurück!" Denn sie alle gehören zu dem Volk, das meinen Namen trägt. Ich habe sie zu meiner Ehre geschaffen, ja, ich habe sie gemacht.*

Jesaja 43,6-7

Material:

- Seife (entweder große Seifenriegel, zerteilt in kleine Einzelstücke, oder einzelne kleine Seifen)
- Werkzeug zum Schnitzen (z. B. Plastikmesser)
- Plastiktischsets oder -bretter

Denkanstoß: Wenn man etwas schaffen möchte und fängt bei null an, dann bedeutet dies oft viel Arbeit. Denken Sie nur an einen Holzschnitzer, der aus einem Stück Holz durch sorgfältiges Arbeiten etwas Wunderbares schafft, oder an einen Maler, der ein Bild auf einer komplett leeren Leinwand entstehen lässt. Gott muss manchmal viel Unnötiges aus unserem Leben entfernen, wenn er aus uns das Meisterstück formen will, das in uns steckt – und er weiß, dass es in uns steckt, einfach deshalb, weil er uns geschaffen hat.

Gebet: Kratzen Sie etwas aus der Seife heraus, um aus ihr etwas Neues zu machen. Es muss nicht perfekt sein oder schön – oder etwas anderem ähnlich. Sie verändern die Seife lediglich – mit jedem Stück, das Sie herauskratzen, ein bisschen mehr.

Während Sie dies tun und beobachten, wie die herausgeschnittenen Stücke fallen, wenden Sie sich im Gebet an Gott. Bringen Sie ihm die Bereiche Ihres Lebens, die Sie seiner Bearbeitung überlassen möchten. Bitten Sie Gott, alles Überflüssige abzukratzen, um das Meisterstück in Ihnen zum Vorschein zu bringen, das er in Sie hineingelegt hat.

Spieglein, Spieglein …

Kerngedanken: Anhand unseres eigenen Spiegelbildes beten wir darum, uns selbst aus Gottes Perspektive sehen zu können; wir akzeptieren, dass wir in Gottes Augen unendlich wertvoll sind, auch wenn es uns an Selbstbewusstsein mangelt.

Biblischer Impuls: *Denn was wir sind, ist Gottes Werk; er hat uns durch Jesus Christus dazu geschaffen, das zu tun, was gut und richtig ist. Gott hat alles, was wir tun sollen, vorbereitet; an uns ist es nun, das Vorbereitete auszuführen.*

Epheser 2,10

Material:

- Spiegel
- Bibeln, geöffnet bei Epheser 2,10, oder Kopien des Textes

Denkanstoß: Es gibt in jedem Leben Zeiten, in denen man nicht in den Spiegel schauen mag, weil man die eigene Erscheinung nicht schön findet. Lesen Sie Epheser 2,10 und lassen Sie sich sagen, dass Gott persönlich Sie geschaffen hat, dass er ein Ziel für Sie hat und dass er Sie genau so liebt, wie Sie sind.

Gebet: Schauen Sie sich Ihr Gesicht einen Augenblick lang im Spiegel an. Überlegen Sie, was Ihnen daran am besten gefällt, und widerstehen Sie dem Bedürfnis, Kritik zu üben. Gott hat Sie so gemacht, wie Sie sind. In seinen Augen sind Sie wunderschön.

Die Welt urteilt nach dem Aussehen und stellt unrealistische Erwartungen an uns: Wir sollen uns bestimmten „Schönheits"-Standards anpassen. Danken Sie Gott dafür, dass er Sie gemacht hat, und machen Sie sich bewusst, dass Sie zutiefst geliebt sind und absolut perfekt in den Augen Gottes, des Schöpfers.

Bitten Sie um das Selbstvertrauen, das nur aus dem Glauben an Gott erwachsen kann. Er möchte, dass Sie sich wertvoll fühlen und sich Ihrer einzigartigen Fähigkeiten und Persönlichkeit sicher sind.

Beten mit Gegenständen

Kerngedanken: Das Ertasten von Gegenständen inspiriert zum Gebet und hilft dabei, fokussiert zu bleiben und uns innerlich auf Gott einzulassen.

Biblischer Impuls: *Nun rufe ich zu dir, denn du erhörst mich, o Gott. Schenk mir ein offenes Ohr und höre auf mein Gebet!* Psalm 17,6

Material:

- Tastgegenstände – z. B. ein Handkreuz, eine Fischform, Herzen aus Holz oder Keramik und Kieselsteine, in die Worte wie „Hoffnung", „Frieden" oder „Gnade" eingraviert sind (gekauft oder am Strand oder im Flussbett gesammelt)
- Dekoratives Tischset oder Tuch

Denkanstoß: Manchmal ist es schwierig, sich auf das Beten zu konzentrieren, weil wir von so vielen äußeren und inneren Dingen abgelenkt werden. Oft haben wir das Gefühl, nicht zu wissen, was wir sagen sollen, oder unsere Gebete nicht in Worte fassen zu können. Ein Gegenstand, den wir in der Hand halten und auf den wir unsere Gedanken lenken können, kann sehr hilfreich sein.

Gebet: Suchen Sie sich einen Gegenstand von den vor Ihnen liegenden aus. Wenn Sie bereit sind, halten Sie ihn in Ihrer Hand, spüren Sie seine Form, seine Beschaffenheit oder seine Bedeutung für Sie und lassen Sie sich davon in Ihren Gebeten leiten. Vielleicht möchten Sie Gott danken für einen Bereich Ihres Lebens oder Ihrer Persönlichkeit, den er „geglättet“ hat, oder für seine Treue und die Hoffnung, mit der er Sie ausstattet, wenn Sie sich ihm zuwenden.

Vielleicht möchten Sie auch Reue für etwas zum Ausdruck bringen oder einfach nur mit geschlossenen Augen in seiner Gegenwart still werden und hören, was er Ihnen zu sagen hat.

Nehmen Sie sich Zeit zum Beten. Lenken Sie Ihre Gedanken auf die Bedeutung des jeweiligen Gegenstandes für Sie ganz persönlich. Wenn Sie möchten, nehmen Sie ruhig nacheinander mehrere Gegenstände auf diese Weise in die Hand.

Wenn Sie fertig sind, legen Sie die Gegenstände zurück als Zeichen dafür, dass Sie all das, was Sie vor und mit Gott bedacht haben, in seine Hände legen.

Kapitel 20

Die Hand des Töpfers

Tongefäße

Kerngedanken: Wir nutzen weichen Ton, um auf kreative Weise zu dem Gott zu beten, der uns geformt und gestaltet hat und der weiter an uns arbeitet, damit wir ihm immer ähnlicher werden.

Biblischer Impuls: *Wir allerdings sind für diesen kostbaren Schatz, der uns anvertraut ist, nur wie zerbrechliche Gefäße, denn es soll deutlich werden, dass die alles überragende Kraft, die in unserem Leben wirksam ist, Gottes Kraft ist und nicht aus uns selbst kommt.* 2. Korinther 4,7

Material:

- Selbst gemachte braune Knete oder gekaufter Ton, aufgeteilt in kleine Portionen
- Modellierwerkzeug (Teigrollen, Plastikbesteck usw.)
- Abwischbare Bretter
- Tücher zum Reinigen der Hände

Denkanstoß: Nehmen Sie sich eine Portion Ton und beginnen Sie, ihn mit Ihren Händen weich zu kneten und zu formen. Zu welcher Form hat Gott Ihr Leben und Ihren Charakter geformt und wo bedürfen Sie nach wie vor seiner formenden Hände?

Gebet: Wenn Sie bereit sind, gestalten Sie aus dem jetzt weichen Modelliermaterial ein kleines Gefäß. Nutzen Sie diese Zeit zum Beten.

Vielleicht ist Ihre Kreation nicht perfekt, aber Sie können Sie ja jederzeit umformen, während Sie im Gebet mit Gott reden. Lassen Sie sich durch die mangelnde Perfektion Ihres Tontopfes daran erinnern, dass Gott auch an Ihnen noch arbeitet und Sie zu dem Menschen formt, den er in Ihnen sieht.

Nehmen Sie Ihr Gefäß mit und lassen Sie sich an Gott den Töpfer erinnern, der sich danach sehnt, dass Sie den Kontakt zu ihm suchen und sich von ihm weiter formen und vervollkommnen lassen.

Bilder von Gefäßen

Kerngedanken: Wir beschäftigen uns mit dem biblischen Bild von Gott als Töpfer, der uns, seine geliebten Geschöpfe, formt und vollendet; wir formulieren ein Dankgebet und schreiben es auf.

Biblischer Impuls: *Dennoch bist du, Herr, unser Vater! Wir sind der Ton, und du bist der Töpfer! Wir alle sind Gefäße aus deiner Hand.* Jesaja 64,7

Material:

- Zettel mit den Umrissen eines Tongefäßes (je vier auf einem DIN-A4-Blatt, auseinandergeschnitten)
- Stifte
- Scheren

Denkanstoß: Gott hat Sie aus dem Nichts erschaffen, hat Sie als genau den Menschen entworfen, den er sich in Ihnen vorgestellt hat. Lassen Sie diesen Gedanken auf sich wirken: Gott ist Schöpfer und hat Sie geformt, so wie ein Töpfer seinen Ton formt und gestaltet.

Gebet: Schreiben Sie ein Gebet in das Tongefäß auf dem Bild. Vielleicht möchten Sie Gott danken für Ihre ganz eigenen Fähigkeiten und Eigenschaften, die er Ihnen geschenkt hat; oder für seine schöpferische Kraft und dafür, dass Sie leben.

Wo hat die Tatsache, dass Sie Gott kennen, Ihr Leben geprägt? Bringen Sie Gott Ihren Dank und bitten Sie den Heiligen Geist, auch weiter an Ihnen zu arbeiten.

Wenn Sie möchten, können Sie Ihr Gefäß ausschneiden. Beenden Sie Ihr Gebet, indem Sie Ihr Leben und sich selbst ganz neu in „die Hände des Töpfers" legen.

Zerbrochene Fliesen

Kerngedanken: Wir bringen Gott im Gebet all das, was uns daran hindert, zu werden, wie er es für uns vorgesehen hat; wir „zerschlagen" das, was uns zurückhält, und bitten Gott, an uns und unserem Leben zu arbeiten.

Biblischer Impuls: *Volk Israel, kann ich mit euch nicht genauso umgehen wie dieser Töpfer mit dem Ton? Ihr seid in meiner Hand wie Ton in der Hand des Töpfers!*

Jeremia 18,6

Material:

- Bunte Keramikfliesen (oder weiße Fliesen, leuchtend bunt angemalt)
- Kleiner Hammer
- Eddings zum Beschreiben der Fliesen auf der Rückseite
- Ein Gefäß oder Ähnliches, aus einem starken Holzbrett ausgesägt
- Starker Kleber und Spatel

Denkanstoß: Was müssen Sie in Ihrem realen, emotionalen oder geistlichen Leben „zerschlagen" und loslassen, um zulassen zu können, dass Gott Sie formt?

Gebet: Wählen Sie eine Keramikfliese aus und schreiben Sie mit Edding Worte oder ein Gebet auf die Rückseite. Vielleicht möchten Sie etwas nennen, das Gott in Ihrem Leben „zerschlagen" soll – Verletzungen, Ängste, Wut, Stolz, Neid, negative innere Einstellungen usw.

Bringen Sie die Worte oder das Gebet vor Gott und zerschlagen Sie die Fliese dabei mit dem Hammer in kleine Stücke. Bitten Sie Gott darum, die Hindernisse auf Ihrem Weg mit ihm zu zerstören.

Kleben Sie dann gemeinsam mit anderen die jetzt nutzlosen Stücke der zerbrochenen Fliese als Mosaik auf das große Gefäß aus Holz. Bitten Sie Gott während dieser Arbeit darum, dass er aus Zerbrochenheit neue Schönheit entstehen lässt und die Scherben Ihres Lebens dazu nutzt.

Zum Schluss kann das Mosaik verfugt und ausgestellt werden als Erinnerung daran, dass Gott uns formt und zu einer neuen Schöpfung macht.

Tonscherben

Kerngedanken: Wir nutzen die Scherben eines zerbrochenen Tontopfes als Bild dafür, dass Gott die Kraft hat zu vernichten, was uns bindet und festhält, und uns dann zu erneuern und stark werden zu lassen.

Biblischer Impuls: *Doch es misslang ihm. Er nahm den Ton und formte ein neues Gefäß daraus, das ihm besser gefiel.*

Jeremia 18,4

Material:

- Kleine Ton- oder Terrakottascherben (ideal ist ein zertrümmerter Blumentopf)
- Große Keramikvase oder Krug

Denkanstoß: Gott kann selbst die größte Zerbrochenheit dazu nutzen, seine Liebe zu zeigen; oft lässt er gerade in unseren schwächsten Zeiten seine Kraft erkennen. Wann hat Gott Ihnen in Ihrem Leben Kraft gegeben, wann waren Sie schwach oder krank und er hat Sie wiederhergestellt?

Gebet: Nehmen Sie eine der Tonscherben in die Hand und betrachten Sie sie eine Weile. Nehmen Sie Ihre Zerbrochenheit wahr und bringen Sie Ihre eigenen scharfen „Kanten“ und all Ihre Gebrochenheit im Gebet vor Gott.

Wenn Sie bereit sind, legen Sie die Tonscherbe in den großen Krug als Zeichen dafür, dass Sie Ihr Leben und Ihre Zerbrochenheit in die Hände Gottes legen.

Gehen Sie in der Gewissheit, dass Gott Sie heil macht – ganz gleich, wie Sie sich gerade fühlen. Er kann gerade schwierige Zeiten dazu nutzen, Sie stark zu machen und vollkommen in Ihrer Schwachheit, weil Sie sich auf seine Kraft verlassen.

Anhang

Vorlage zum Abpausen: Gebetspropeller

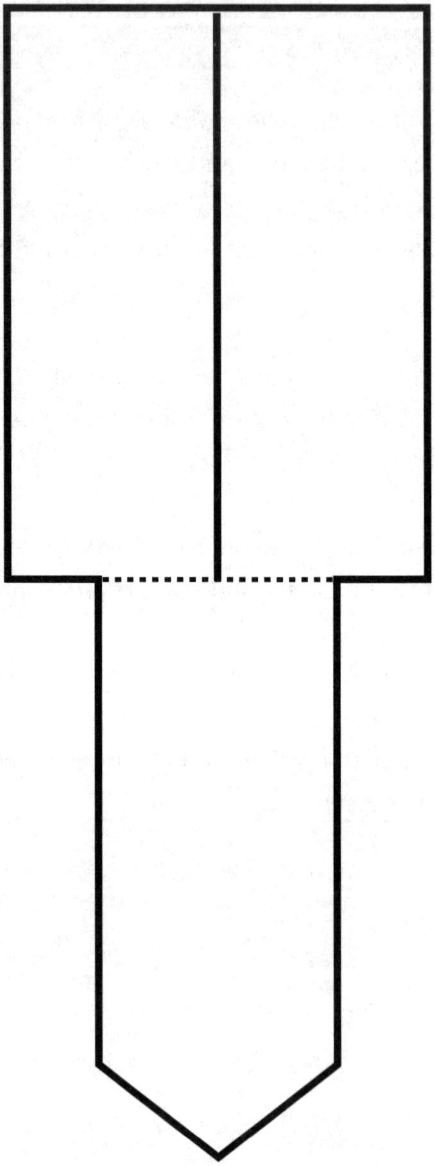

Vorlage zum Abpausen: Windrad

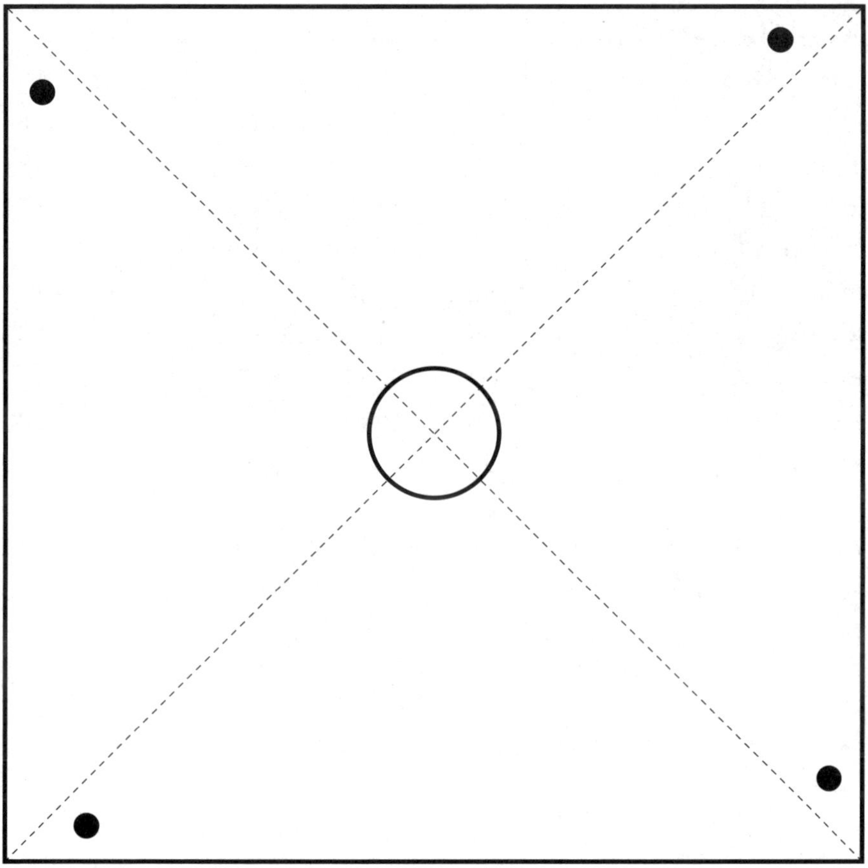

Schneiden Sie entlang der gestrichelten Linie bis zum Kreis in der Mitte. Stanzen Sie mit dem Locher Löcher in alle vier Ecken und stechen Sie dort ein Loch in die Mitte, wo sich die gestrichelten Linien kreuzen.

Index der Bibelstellen

Altes Testament

Neues Testament

Index der Gebetseinheiten